宗形 諭史 著

英語は早ければたった1日で話せるようになる

THIS COULD BE A TURNING POINT FOR YOUR ENGLISH.
THIS WILL BE A LIFE CHANGING EXPERIENCE.

プロローグ

カナダ人の友達：**"Let's meet up when I come back here."**
　　　　　　　（ここに戻ってきたら、また会おう。）
私　　　　　：**"Of course. I'm gonna miss you. Have a nice flight. Take care, man."**
　　　　　　　（もちろん。会えなくてさみしくなるね。良いフライトを。気をつけて。）

カナダ人の友達が日本を少し離れるので、先日別れを言ってきました。こんなに流暢に外国人と英語で話せる日が来るとは、15年前、夢にも思いませんでした。

高校時代、勉強も部活も何もかも上手くいかず、いつの間にかベッドの上で生活している自分がいました。初めて人生に絶望を感じ、学校に行けなくなりました。

両親はそんな私を気にかけてくれて、
「あんたがしたいと思ったことをしなさい」
「どこかに旅行に行こうか？」
「海外とかに行っても良いんじゃないか？」
…と毎日、私のことを精いっぱい応援してくれました。

優しい姉は、チンパンジーの表紙で、元気が出る言葉が載っている本を買ってきてくれたり、人生は学校だけじゃないんだから、と学校に行かなかった私を優しく支えてくれたりしました。

家族のあたたかい応援の後押しを受けて、「このままではいけない」と学校に復帰した私は、「都会に行ったら、何かきっと変わる」

と根拠のない希望を持つようになりました。そして、必死の思いで、なんとか横浜の大学に入学しました。

　そんな私ですから、高校時代は、一言も言葉を発することがない日々を何日も過ごしました。当時の私の会話力、人とのコミュニケーション力は0(ゼロ)に等しいものでした。言葉が上手く出てこなくて、高校卒業の時、大好きだった女の子へ絶好の告白のタイミングがあったにもかかわらず、好きと言えず大失恋したこともあるくらいです。

　右も左もわからず、コミュニケーション力も全くない私でしたが、大学に入学できたことで、なんとか横浜で生活を始めました。

　そんな私が今、こうしてカナダ人の友達と英語で話し、職場ではアメリカ人と一緒に英語を使って働いているのです。さらに、先日ドバイやパリに行ってきたのですが、エジプト人やスリランカ人、インドネシア人、韓国人、フランス人、イタリア人の友達ができました。こんなことが起こるなんて。

　すべては、あの、「グラサン・短パン・ビーチサンダル男」と出会ったことが、私の人生を180度変えるきっかけだったのです。

　本書では、英語が話せなかった私が、いかにして英語が話せるようになったか？をお伝えしていきます。今日から実践できる方法がたくさん書かれていますので、ぜひ参考にしてみてください。あなたの英語人生が望む方向に変わるきっかけになることができたら幸いです。

英語は早ければたった1日で話せるようになる

目次

プロローグ 3

第1章 凡人が英語を話せるようになるには？

1 衝撃！「グラサン短パンビーチサンダル男」がクラストップの成績。
このチャラ男は帰国子女だった。 12

2 「どうして6年も英語を勉強してきて英語が話せないの？」
この一言が、それまでの意識を変えた。 15

3 聞くは一時の恥、聞かぬは一生の恥。
一時の恥が、その後の人生を変えることもある。 21

4 「グラサン短パンビーチサンダル男」の英語学習法。
それは非常識ではなく、まさに黄金の学習法だった。 26

5 どうやったら帰国子女の英語学習が日本でできるのか？
私はそのヒントが書かれた本に出合った。 32

第2章 こうしたら英語が話せた（実践方法1割・精神的な部分9割）

1 臆病な私が英語で話した一言。それは中学で学んだ英語フレーズ
"What's your name?" "Where are you from?" だった。 38

2 英語で話しかけると、次の扉が開く。
それが「大成功」をもたらし、自信になる。 41

3 話しかける1秒の勇気。
不安だけれど話しかけてみることが大切。 45

4 見知らぬ人に日本語で話しかける練習をしよう。
その勇気があなたをさらに魅力的にする 48

5 相手が思わずあなたに好意的に接してしまう方法。
それは「笑顔」を見せること。 53

6 まともな英語が話せずに大ショック。
せっかくのデートもわずか 2 時間で終了。 59

第3章 英語が口から飛び出すことが可能になった方法
（実践方法 3 割・精神的な部分 7 割）

1 私はそれまでの英語の知識を捨てた。
手元に残ったのはたった 1 冊の本と文法書だけ。 64

2 新しい英語学習の前に、
思い切って今までの英語本を整理しよう。 67

3 英語学習がどうしても進まない時に
オススメする 3 つの方法。 70

4 英語学習の習慣のつけ方。
大事なのは小さなことから始めること。 76

5 意外！今日から誰でもできて、
効果が高い「トイレで英語学習」。 79

6 自宅にいながらネイティブに通じる発音を
手に入れる方法。 81

7 発音にこだわりすぎないこと。
相手に通じるかどうかが大切。 90

8 英語を話すトレーニングであごが筋肉痛に。
すると不思議！英語を口ずさむようになっていた。 93

9 学習方法の変更。
「知る」を「使う」に変えたら、突然話せるようになり始めた。 96

10 少し話して通じる。
このことが英語をもっと話したくさせる。 99

11 必要以上のことを覚える必要なし。
英語を使うことに集中しよう。 102

12 英語が話せるようになるための秘訣は使うこと。私が経営している
英会話スクールでは、子どもたちの口からすっと英語が出てくる。 106

13 フランス人留学生と先輩との
ダブルデートでリベンジを果たす。 109

第4章　さらに英語を話せるようにする方法
（実践方法5割・精神的な部分5割）

1 今日から英会話力を上げる方法。
その鍵は、日本語での会話にあった。 114

2 普段話す日本語の量を増やせば、
英語で"言いたいこと"も増えていく。 120

3 英語癖をつけると、
英語を話す機会は何倍にも増える。 123

4 英語の独り言は野球の素振りや筋トレと同じ。
やった分だけ上達する。 126

5 私は洋楽を楽しみながらリスニング力とスピーキング力を
劇的に上げた。 130

6 情報は鮮度が大事。
英語上達法を教わってからどのくらい速く実践するかが大切。 136

7 一気にしなくて大丈夫。
できることを 1 〜 3 つずつ実践していけば良い。 138

第5章 プライベートレッスンで英語力を上げる方法
（実践方法 7 割・精神的な部分 3 割）

1 外国人の恋人を作れば英語が話せるようになる？いいえ、
そうとはかぎりません。恋人を作れなかった私がとった方法とは？ ... 144

2 オススメ！「推敲トレーニング」。1 つめのクラスで学んだことを
2 つめのクラスで話すようにすると、さらに英語が上手になる。 150

3 あなたの英語力を飛躍的に伸ばすマンツーマンレッスン。
その活かし方は、あなた主導で授業をコントロールすること。 156

4 「知る ⇒ 話す（使う）⇒ 話せる（使いこなす）」。
これで、学んだ英語をすぐに使えるようにしよう。 162

5 +αを意識しよう。
そうすれば、英語が 2 倍話せるようになる。 165

第6章 英語の伸びが止まらなくなる方法
（実践方法 9 割・精神的な部分 1 割）

1 海外ドラマや映画などを使って英語を勉強してみよう。5 歳の女の子は
『My Neighbor TOTORO（となりのトトロの英語版）』で飛躍した。 170

2 大好きな映画や海外ドラマのセリフを
とことん真似するコツ。 178

3 通じた英語だけを残して、自分用の英語フレーズ集を作ろう。
その作り方を教えます。 181

4 参考書を「使える形」にするための方法。
こうすれば実際に使える表現になる。 185

5 「印象に残った＝へぇ〜と思った・気づいた」英語フレーズだけを
寄せ集めてオリジナル音声を作ってみよう。 188

6 明るい英語を選んで話してみよう。
そうすれば、気持ち良いほど英語を話すのが好きになる。 193

第7章　あなたの英語に自信をつける方法

1 英語に関して恥ずかしい思いを30個してみよう。
その失敗が宝物になる。 200

2 英語に自信がなかった私が行なった
「3つの心がけ」。 203

3 3日坊主でも良い。
1mmだけでも前に進めたら良い。そんな自分をほめよう。 206

4 約束を守った自分をほめよう。約束を破った自分を許そう。
これがさらに自信をつけることになる。 209

第8章　帰国子女が学んだ過程を日本でできるようになった

1 英語力をつける秘訣。
それは相手に通じる英語を話すこと。 212

2 バリ島の人もびっくり！
インドネシア語がわずか90日以内で話せるようになった。 216

3 私はこうして80日以内で
アラビア語が話せるようになった。 222

4 私はこうして難しいフランス語を
62日以内に話せるようになった。 231

5 言葉を話すのは相手のため。
このように考えれば英語は話せるようになる。 237

6 「気づいたノート」をつけよう。
そのサンプルをお見せします。 239

エピローグ：一寸先は光。明日は必ず上達すると信じよう。
　　　　　あなたはもっと英語が話せるようになる。 245

第1章
凡人が英語を話せるようになるには？

1 [第1章]凡人が英語を話せるようになるには？

衝撃！「グラサン短パンビーチサンダル男」がクラストップの成績。このチャラ男は帰国子女だった。

　大学に入学してほどなく、英語のクラスでテストが行なわれました。私は120点満点で60点くらいしか取れず、「大学の英語は相当難しいんだな」と思いました。そして、こう想像しました。

「私が60点くらいだから、最も高い得点の人でも、せいぜい80点か90点くらいだろう」

　ところが、先生のこの一言を聞いて驚きました。

「このクラスで120点中118点を取った人がいます。素晴らしいです」

　120点中118点というのは「素晴らしい」どころではありません。私には信じられないほどの高得点です。おそらく他の学生もそう思ったはずです。

「いったい、どんな人物なんだろう」と思っていたら、びっくり！

　その学生は、なんと、グラサンを首に引っさげ、真っ赤な短パンを着て、真っ赤なビーチサンダルを履いていたのです。

　その姿を見て、私は正直、「えっ、この人が約100名在籍してい

る学科の中でトップ？」と思いました。

　この日から、私の目はこの「グラサン・短パン・ビーチサンダル男」に釘づけになりました。

　彼はいつもかわいい女の子や外国人を引き連れています。そして、英語をペラペラと話し、外国人の友達をどんどん作っています。

　その当時、私は初めて携帯電話を持ち、必死になって同級生の友達を作ろうとしていました。しかし、1カ月経ち、2カ月経っても、言葉数の少ない私は電話帳の人数を増やすことができません。

　一方、彼はというと、2カ月で電話帳登録数が500を超えたとのこと。私は2カ月でたったの20件しか登録できなかったので、「いったい、この差は何だ」と思いました。

　そして、運命の日がやってきました。

　それまで一言も私に声をかけてこなかった「グラサン・短パン・ビーチサンダル男」から、ついに声のかかる日がやってきたのです。

　その日は突然にやってきました。
　彼がクラスの全員を、こう誘ったのです。

「明日、新宿御苑でイベントがあるから行こうよ」

　こうしてクラスの1人として、私にも彼から声がかかったのです。

　そして私はこの「グラサン・短パン・ビーチサンダル男」に興味があったので、知り合いが1人もいないのに、その誘いに乗ったのです。今考えてみると、この決断が、「グラサン・短パン・ビーチサンダル男」とベストフレンドになるきっかけでした。

その日集まったのは7名。そして、その誰もが「グラサン・短パン・ビーチサンダル男」の英語に関心を持っていたようでした。そのため、自然に「どうして英語がそんなに得意なのか？」という質問が彼に向けられました。

　彼は、私がこれまで聞いたことのない経歴の持ち主でした。

　彼は、アメリカとマレーシアで中学校・高校を過ごした帰国子女だったのです。

2 ［第1章］凡人が英語を話せるようになるには？

> 「どうして6年も英語を勉強してきて英語が話せないの？」この一言が、それまでの意識を変えた。

新宿御苑に集まった7名がそれぞれ自己紹介を始めました。

グラサン短パンビーチサンダル男（略してグラパン）はこの日も赤の短パンに赤のビーチサンダル、そして胸元にサングラスをかけていました。

「私は神戸から来ました。よろしくね」「私は静岡出身です」「私は韓国からの留学生です」「俺は東京出身。よろしく」…1人ずつ自己紹介が終わり、次に私の番になりました。

みんな全国津々浦々から来ていて、魅力的な同級生ばかりです。見知らぬ人の前で自己紹介するのは久しぶりだったので、私は極度に緊張していました。

いざ自己紹介をしようとした瞬間、グラパンに先を越され、このように言われました。「こいつの眉毛すごいよな。Satoshi っていうんだ。よろしくな」

狐につままれたような顔をしている私を尻目に、グラパンの自己紹介が始まりました。

「俺はマレーシアからの帰国子女。お前らは俺が100人誘った中、

唯一来てくれた精鋭部隊だ。今日は楽しもうぜ！」

「帰国子女ってなんだろう？　どこかで聞いたことがあるような気がする」と心の中で思っていると、すかさず女の子の1人がこう教えてくれました。

女の子Ａ：「帰国子女は、親の仕事の都合とかで海外に一定期間住んでいて、日本に帰国した子どものことを言うんだよ。ちなみに、私もグラパンと一緒でマレーシアからの帰国子女ね」

グラパン：「そう。俺はマレーシアに中学と高校の時に住んでいたんだ。Ａとは縁があって高校の時からずっと一緒だよな？」

「えっ。このＡさんもマレーシアの帰国子女なのかぁ。英語が上手だなぁとは思っていたけれど、そんな秘密があっただなんて気づかなかった」

女の子Ｂ：「マレーシアって英語の国なの？」

グラパン：「違うよ。マレーシア語だよ」

女の子Ｂ：「じゃあ、どうして英語がそんなに上手なの？」

グラパン：「マレーシアのインターナショナルスクールに行っていたんだ」

私の頭の中はもうすでにパンク状態です。「帰国子女・マレーシア語・インターナショナルスクール」初めて聞く言葉のオンパレードで、会話を聞いているだけで精一杯でした。

女の子C:「なるほどね。だから英語がペラペラなんだ。TOEFL は何点なの？」

グラパン:「最後に取ったのは 620 点だったかな？」

女の子C:「すごい。それならアメリカの大学とかも行けたんじゃない？」

グラパン:「もちろん、迷ったんだよ、アメリカか日本か。でも、日本にどうしてもこだわりがあったから、日本に来たんだよ」

それ以降も、会話はエンドレスに続いていきました。

同じ日本語にもかかわらず、知らない言葉がいくつも羅列されて、私の思考は完全に停止してしまいました。やがてみんなの話題についていけず、会話が終わる頃には知恵熱が出たように、頭がぼんやりした状態になりました。

おぼろげながら私が理解したことは、

- グラパンはマレーシアにあるインターナショナルスクールで英語を使う学校に入っていたこと
- TOEFL とは英語のテストのようなもので、620 点は非常に高得点であり、これくらいの点数があればアメリカの大学に入れること
- グラパンはアメリカの大学に行くことができるけれど、日本に来たということ

…でした。

私が目の前にいる同級生の凄さに圧倒されている中、グラパンが私たちとゲームをしたいと言い出しました。

「国際関係の学科に入ったってことは、みんな英語が得意なんだよね。そしたら、ゲームをしよう。英語であるもののことを話すんだ。そしてそれを当てる。

例えば、I am a vegetable. I'm very good for your health. I grow under the ground. I have a green top. Some kids dislike me. What am I?　こんな感じね。答えは carrot だよ」

　当時の私は、英語を全く話せませんでした。しかも、今グラパンが話した英語のほとんどがわかりませんでした。私は正直、この瞬間が早く過ぎ去ってくれ、と思いました。

　私が国際関係の学科に入った理由は、理数系が嫌いで文系に転向し、たまたま運良く入学できたからでした。特別英語が得意なわけでもなかったのです。

　グラパンはまず、女の子 D に話題をふりました。すると女の子 D が英語でこう答えました。「I am red. I am a fruit. グラパン、"木になってる" って英語で何て言うの？」

グラパン：「I grow on trees. だよ」

　「英語が好きな女の子たちはとっても上手に英語を話すなぁ」と感心したのですが、それでも、話したい英語がなかなか出てこないようでした。英語を話そうとする度に「これ何て言うの？」と質問が出るようになり、ゲームになりませんでした。

　この状況を受けて、グラパンが発した言葉に衝撃が走りました。

「受験勉強で英語をたくさん勉強してきたんだよね？ 英語を勉強してきた期間は俺とほとんど変わらないんだよ。どうして6年も英語を勉強してきて英語が話せないの？」

確かにそうだ、と思いました。妙に彼が言ったことに納得したのでした。

私たちは、受験のために英語の勉強にかなりの時間を費やしてきました。そして、センター試験を受けて、やっとの思いで合格しています。英語の勉強時間を計算すると、1000時間は優に超えていると思います。しかし、単純な英語すら話すことができない事実がありました。グラパンの質問の瞬間、今まで行なってきた私自身の勉強方法への疑問が、ふつふつと湧いてきました。

私は、実はその時も英語の勉強を続けていました。受験の時ほどではありませんが英単語や英文法を勉強し、テレビで英会話番組を見て勉強していたのです。

しかし、いざ「英語を話して」と言われると、口から何も出てこなくなってしまう現実がありました。

今の今まで何の疑いもなく英語を勉強してきましたが、この時初めて、私が今まで勉強してきた方法は、英語が話せるようになるための方法ではなかったのではないか？と考えるようになったのです。

そしてこのことが、私の英語人生を180度変えるきっかけになりました。

「こんなに英語を勉強してきたのに、英語が話せないなんておかしい」こう思うことで、何がおかしいのか、脳が考え出します。

「私が行なっている方法は果たして、実際に得たい結果につながっているのだろうか？」

こう考えることで、今行なうべきことと行なわなくても良いことがわかるようになります。

例えば、私がネイティブの話している英語を使いこなせるようになりたい、と考えたら、映画や海外ドラマを見たり、実際のネイティブの友人や先生と英会話をすることを選びます。その代わり、英語の長文読解やTOEICの勉強はしないのです。

何かをすると決めることは同時に、何かをしないと決めることでもあります。

まずは、今あなたが行なっている勉強法は、手に入れたい結果につながるか？を考えてみましょう。もし3カ月続けているにもかかわらず、得たい結果につながる兆しが見えない場合は、「私はこんなに英語を勉強しているのに、英語が話せないのはおかしい」と自分に問いかけてみましょう。

今の英語の勉強方法を見直す良いきっかけになるはずです。

ポイント

今までの自分の勉強方法を見直すことから、次への成長が始まります。

3 [第1章]凡人が英語を話せるようになるには？

聞くは一時の恥、聞かぬは一生の恥。
一時の恥が、その後の人生を変えることもある。

「もしかしたら、今までの勉強方法は英語を話せるようになるための方法ではなかったのではないか？」

その日からこの疑問が頭から離れませんでした。

中学生の時に初めて学校で英語を習い始めて、他の言葉が話せるようになるってすごいことだよなぁと思いながら、何の疑いもなく教科書の予習復習をして勉強してきました。そのため、テストの点数は悪くなかったと思います。

しかし、高校生になって、英文法と英語長文専門の授業になった時は、その内容の難しさから半ば挫折しそうになりました。それでも、一生懸命勉強しました。難しい構文が含まれている教科書の一文一文を和訳し、4cmもの厚さがある英文法書を丸暗記しようとして、頭がパンクしそうになりました。

高校では、中学とは違い、テストの点数が取れずに苦しみました。関係代名詞や仮定法過去完了などの難しい英文法、数百もある英熟語や数千もある英単語など、覚えなくてはいけない量に何度も挫折しました。学校のテストはまだましでしたが、外部テストではさんざんな点数でした。

大学に入ってからも、週に3度は英単語を覚えたり、問題をひたすら解いたり、100の英語構文をひたすら暗記したりと受験勉強の延長のような学習を繰り返していました。

　ところが…、結果は、これだけ勉強しているにもかかわらず、英語の成績はクラスの真ん中でした。そして、先ほどのグラパンのゲームのように、いざ英語を話す機会が訪れたとしても一言も話せないままでした。成績がトップの子たちはどんな勉強をしているんだろう？と考えては、「いくら勉強しても点数が上がらないのだから、自分には英語の才能がないのだろう」と半ばあきらめていました。

　そんな私ですから、英語が話せるようになることなんて、雲の上の世界のように感じていました。英語が話せる人は、「外資系に勤めている人」や「帰国子女」「一部のエリート」しかいないと考えていたくらいです。

「どうして6年も英語を勉強してきて英語が話せないの？」

「もしかしたら、今までの勉強方法は英語を話せるようになるための方法ではなかったのではないか？」

　頭の中で何度もこの質問が繰り返されました。

　家の本棚にある20冊以上の英語参考書とにらめっこしながら、

「もしかしたら今までと同じ方法で勉強していたら、今後1000時間、2000時間勉強しても英語が話せるようにならないのではないか？」

　そんな絶望感が湧きおこっていました。

そんな私に運命の時（ターニングポイント）がやってきます。私がその当時入っていたサークルに、フランス人留学生の女の子が遊びに来たのです。初めて出会った同世代のフランス人に私の心は惹かれてしまいました。

　彼女は日本に来たばかりで日本語がほとんど話せないようでした。そのため、1年先輩でアメリカ語学研修帰りの先輩が英語で説明をしていました。英語を話す先輩は本当に格好良く輝いて見えました。

　英語に苦手意識を持ち、英語を話すなんてもっての他の私は、隅の方に隠れながらその姿を見ていました。私はその留学生にとても興味があるものの、サークル活動中は一度も接することができませんでした。

　しかし、その日のサークル活動後の飲み会でチャンスは訪れます。そして大事件が起こります。この話の続きは第2章でお話ししますので楽しみにしていてください。

　この事件で英語がどうしても話せるようになりたいという衝動がおさまらなくなった私は、グラパンに英語が話せるようになった秘訣を聞きに行くことにしました。

　この決断は、私の生涯で一番勇気の必要な出来事でした。なぜなら、受験戦争を戦ってきた私にとって、今まで同世代の人に学ばせてもらうということなど、ありえなかったからです。

　それまで、私はテストの点数を他の人と比べながら、たった1点差ですら勝った負けたと一喜一憂していました。「テストのその1点で合格と不合格の明暗が分かれる」「受験生同士は敵である」

という考え方が染みこんでいたからです。

　同世代の人間に勉強方法なんて聞いたら負けだ、と思っていましたし、同世代の人間から教えてもらうなんて本当に嫌でした。しかも相手はグラサンをかけ、短パン姿でチャラチャラしていたのです。

　しかし、現実を見てみるとチャラチャラしている相手の英語と私の英語には天と地ほどの差がありました。

　自分のプライドを大事にするのか？ それとも恥を覚悟で英語が話せるようになる方法を聞きに行くのか？ 2つの選択肢を天秤にかけること数週間、私はついに後者を選びました。

「今までの自分を越えて行きたい。新しい自分に変わりたい」

　今までのこだわりを捨て、新しい考えを取り入れると、私の心の中のどこかがあたたかくなり、何かが変わっていきました。

　結果として、私はこの一時の恥を経験したことで、一生の恥を経験せずに済みました。具体的には、グラパンに英語が話せるようになる秘訣を聞いたことで、今後一生英語が話せずに恥を感じていたであろう私は、奇跡的に英語が話せるようになったのです。

　時には、人に何かを聞きにくいという場合もあるかもしれません。同世代や下の世代の人で英語が上手な人に聞くなんてできないと思ってしまうかもしれません。その気持ち、わかります。私も今でも聞くことに抵抗がありますから。

　でも、いつもこのように心に問いかけます。「今のままで良いのだろうか？」「上手くいっていなくて苦しんでいるとしたら、それはどこかが間違っているのではないか？」

そうすると、自分が進むべき道が見えてくるのです。

実は、こうした精神的な成長こそが、英語の成長にも大きくかかわっています。英語が上手になるためには、自分の頑固な部分を許し、手を離してあげてください。上手くいっている人に教えてもらうことは非常に有効な方法です。

一生の恥より一時の恥。私にとっては人生初めての試みでしたが、このことが今後の私の人生を大きく豊かに変えるのでした。

今までの学習で結果が出なかったとしたら、上手くいっている人の真似をしてみましょう。必要であれば、上手くいっている秘訣をその人に教えてもらってください。

4　[第1章]凡人が英語を話せるようになるには？　

「グラサン短パンビーチサンダル男」の英語学習法。それは非常識ではなく、まさに黄金の学習法だった。

　私はその日、グラパンを強引にカフェに誘いました。そして、彼から英語学習法を聞き出そうとしたのです。

　カフェに入り、席に着いて英語学習法について尋ねると、グラパンはいきなりこう教えてくれました。

「俺が英語を話せるようになった方法はいたって簡単だよ。それは、Satoshiが日本語を話せるようになった方法と一緒なんだ」

「日本語を話せるようになった方法？」

「そう。Satoshiはもうすでに日本語がペラペラなんだから、その日本語をどうやって身につけてきたかを振り返ってみなよ。そうしたらわかるから」

　私はショックを隠し切れませんでした。なぜなら、彼から「短期間で英語が話せるようになる夢のような方法」を教えてもらえると期待していたからです。ところが、実際に彼の口から出てきた言葉はとても現実的でした。

　しかし、そのショックの半面、彼の言うことを聞いて、ふとこう思いました。

「自分がどうやって日本語を話せるようになったかなんて、今まで一度も考えたことがなかったのでは？」と。

そこで私は、どのように日本語を身につけてきたのか？ 赤ちゃんだった頃のぼんやりとした記憶からさかのぼり、幼稚園、小学校、中学校と記憶を辿ってみました。そして、私は彼にこのように答えました。

「赤ちゃんの頃はよく覚えてないけど、最初は『ママ・パパ』っていう簡単な言葉が口から出せるようになっていったと思う。その後、お父さんとお母さんが教えてくれる簡単な言葉を真似して、口に出していったと思うんだけど」

すると、グラパンは「それから？」と聞いてきました。

「それから幼稚園に入ると、今度は先生や友達からいろんな言葉を学んだと思う。時には汚い言葉をどこからか学んで友達とふざけ合ったりもした。そのほかには、誰かがテレビで話している言葉を何度も使うものだから、それがクラス中で流行ったりもしたなぁ。親からは、『あんた、その言葉どこで習ってきたの？』なんて言われたりして」

「ははは、そうだね。テレビで使われる言葉とかはすぐに流行するよね。Satoshiが言ったように、日本語を話せるようになったのは、まず親や友達から言葉を聞いて、それを真似して使い始めた。その繰り返しなんだよ」

グラパンは続けてこう言いました。

「英語を学ぶ順番も、最初は誰かが言ったことを聞くことから始め

て、それを話せるように真似することが第一に大切だよ」

　私は彼のこの言葉を聞いて、足掛け7年も英語を勉強してきたにもかかわらず、全く話せるようにならなかった理由がわかりました。これまで文法や単語を覚えるばかりで、『話せるような真似』などしてこなかった、と気づいたのです。

　こうして、英語を話すには英文法や英単語が大事だとずっと思ってきた私の常識が、少しずつ崩れ始めました。

　そして、次のグラパンの一言で、私の常識は完全に崩れました。

「日本の英語教育はもしかしたら、Reading→Writing→Listening→Speaking の順に重きが置かれているんじゃないかな？でも俺からすると、少なくとも英語を話せるようになりたいのなら、Listening→Speaking→Reading→Writing の順番が正しい方法だよ」

「そうか、そうだったのか。だから英語が話せるようにならなかったんだ」

　今まで英語なんて一部の特別な人しか話せない、と思っていた私でしたが、この時、一筋の希望の光が差し込んでくるのがわかりました。もしかしたら、学ぶ順序さえ間違えなければ、こんな私でも英語を話せるようになるかもしれない、と思い始めたのです。

　私はもっと詳しく彼の話を聞きたいと思いました。

　英語が話せるようになる核心はなんとなく理解できたのですが、これでは実践はできません。そこで、もう少し具体的なことが知りたいと思い、さらに突っ込んで質問をしてみました。

「なるほど。Listening → Speaking → Reading → Writing の順で勉強すれば、英語が話せるようになるんだね。でも、最初に話せたきっかけはどうだったの？ 英語はどの程度知っていたわけ？」

「俺がアメリカに行ったのは小学 5 年生の時だったんだ。だから当然英語なんて勉強したことはなかったし、せいぜい知っていたのは "Thank you." くらいだよ」

「えぇ！ それなら、どうやって英語を話せるようになったの？ いつから話せるようになったわけ？」

「アメリカの小学校に入って最初の 1 カ月なんて、全く話せなかったよ。言ってることも全くわからなかった。当たり前だよね。英語なんて今まで聞いたこともなかったんだから。でも、2 カ月目に入ると少しずつ毎日みんながよく使う言葉があることに気づいたんだよ」

「どういうこと？」

「日本の小学校でも同じだと思うんだけど、学校に来た時に『みんな、元気？』とか話すでしょ？ そんな光景を見ているうちに、毎日クラスメート同士が会った時のあいさつの言葉がわかるようになった。帰りのあいさつもまた同様にね」

「なるほど、なるほど。そして？」

「授業の時もそう。"What I want you to do is ..." (君にしてほしいことは…) と言われたら、何かしないといけないんだ、とか、"What do you think?" って聞かれたら意見を言うんだろうなぁ

と。不思議なんだけど、何度も同じようなパターンで聞かれていると、こんな意味だろうなぁって雰囲気で理解できるようになってきたんだ」

「なるほど。なんとなくだけど理解できるようになったんだ。じゃあ、英語が話せるようになってきたのは？」

「友達同士で "How are you doing?" って言うけど、それが『元気？』って聞くあいさつだってなんとなく少しずつわかってきた。すると、答える方も "Good!" とか "Not bad!" とか決まって言っていたから、それを真似して言ってみたんだよ。すると、通じた。こんなことが少しずつ増えてきて、英語を話すことができるようになり始めたんだ」

「友達が言っていることをListeningして、その後Speakingってことだね」

「そう。そのうち少しずつ仲の良い子ができてくると、その子が使っている英語を真似して使ってみたりして、さらに話せる範囲が増えてきたんだ。その後は英語を話すのに苦労はなくなっていった。話せば話すほど英語が通じて、言えることが増えていったからね」

「なるほど」

「もしかしたら、こんな私でも英語を話せるようになるかもしれない」という思いは、グラパンの具体的な話を聞いて、「きっと話せるようになる」へと大きく前進したように感じました。

　最初は、とんでもなく非常識な英語学習法を知っているのだと思っていたのですが、考えてみれば、グラパンの方法は至極当然

の、納得のいく英語学習法でした。その後、多くの帰国子女に語学ができるようになった秘訣を聞いたのですが、みんなグラパンと同じようなことを言いました。こうして、**「Listening して、その後 Speaking」** が実は黄金の英語学習法だとわかったのです。

とはいえ、「日本の環境で、どうしたら彼が言っていたような方法で学べるのだろう？」という問題は残りました。

さらに「今からどう行動したら良いのか？」「どうしたら日本にいながらにして英語を話せるようになるのか？」といった思いを抱きながら、私は帰路につきました。

> 💡 **ポイント**
>
> 「Listening → Speaking」が黄金の英語学習法。

5　[第1章]凡人が英語を話せるようになるには？

どうやったら帰国子女の英語学習が日本でできるのか？私はそのヒントが書かれた本に出合った。

　グラパンから聞いた英語学習法は、今まで全く考えもつかなかった方法でしたが、スッと私の心の中に入ってきて合点がいきました。

「英語が話せるようになるための筋道はグラパンのおかげでわかった。今からは私がその方法を日本で実践する番だ。でもどうしたら良いのだろうか？」

　グラパンや帰国子女は、周りに英語環境がありました。英語を話す友達や先生が身近にいて、そして英語を話せる学校があり、その中で英語を身につけていました。一方、私はと言えば、大学の英語の授業は週に2回だけです。これでは、とてもじゃないけれど帰国子女とはかけ離れた英語環境です。

　そうかと言って、すぐに外国に留学に行けるわけではありません。お金も時間もかかります。留学に行きたいという考えも少しありましたが、まずはお金と時間を作る必要があり現実的ではありませんでした。

　そこでまず私が取った方法は、大学の本屋さんに行って、グラパンが話していたことと同じようなことが書かれている本がないか？と探し始めたのです。

「あれっ、また参考書を探すの？」と思った方もいるかもしれません。しかし今回の本探しは、以前の私の本探しとは全く意味合いが異なりました。

==以前は、なんとなく英語が話せるようになれたら良いと思って、人気がありそうな本や本屋さんのオススメを選んで購入していました。しかし今回は「英語が話せるようになるために、帰国子女が言っていたことと同じようなことが書かれている本を探す」という明確な目的があったのです。==

目的の本を探したところ、その当時、グラパンに教えてもらったようなことが書かれた本はなかなかありませんでした。しかし、何冊もの本を読むことで、やっとの思いで1冊の本に出合いました。それが『英会話・ぜったい・音読・入門編』（講談社インターナショナル／國弘正雄・久保野雅史・千田潤一／2001年）です（当時は珍しかった音読の本でした）。

この本には、音読という学習方法だけでなく、英語の基礎回路の作り方や、記憶には「知的記憶」と「運動記憶」の2種類があることなど、英語を話すための大切な秘訣がわかりやすく書かれていました。

特に、p.20に記載されていたことが、この本を買う決め手となりました。

> 大脳の中には言語中枢があり、2つの領域に分かれています。1つは言語を受け身的に理解することを担当しており、発見者の名前をとってヴェルニッケ中枢（言語理解領野）と呼ばれています。他の人が話した言葉はここに入ってきて理解される

です。そのそばにもう1つの領域、すなわち言語を能動的に使うことを担当するブローカ中枢（言語運動領野）があります。同じく発見者の名前をとってこう呼ばれるのです。ここでは、のどや唇、舌などを動かして言葉を発する指令がなされるのです。この2つは隣り合わせになっており、お互いに相互作用をしながら機能しています。

・・・

2つの中枢の間でのinteraction（相互関連）を頻繁に引き起こしていけば、知識が肉体化され、受け身の知識だけでなく、能動的に使える知識となって身に付きます。

・・・

大脳内のこういったプロセスは、母語を習得する場合には意識しなくても自然に機能しています。

ところが、外国語を学ぼうとする場合には、このような機能は自然には働いてはくれません。だから、この循環が繰り返し行われる環境を人為的に作り出してやる必要があります。

実は、グラパンに英語が話せる秘訣を聞かせてもらった後、私はこんなことを感じていました。

「帰国子女は英語を母語のような感覚で身につけてきている。だからこそ、自然に英語を身につけられたのかもしれない。でも、私の場合は英語環境が身の回りにない日本に住んでいる。もしかしたら、グラパンとは違い、英語が身につくような特殊なトレーニングをしなくてはいけないのではないだろうか」

そしてこの本を選んだ極めつけの言葉は、このメッセージ（p.21）でした。

> 　声を出さないで英語を勉強している人の英語力はかわいそうなほど伸びません。

　グラパンからも指摘があったけれど、私の英語学習に決定的に足りなかったのは、声を出すことだったのです。英語を話せるようになるためには、英語を声に出して練習することが必要だったのです。

「こんな単純なことにもかかわらず、私は7年も気づくことができなかった。しかし、そのトレーニングがこの本でできる。きっと英語は話せるようになる」

　そう思った私は他の本には一切目もくれず、この本を購入することにしました。

💡 ポイント

大切なのは、英語を声に出して練習すること。

ポイントのまとめ

- 今までの自分の勉強方法を見直すことから、次への成長が始まります。

- 今までの学習で結果が出なかったとしたら、上手くいっている人の真似をしてみましょう。必要であれば、上手くいっている秘訣をその人に教えてもらってください。

- 「Listening → Speaking」が黄金の英語学習法。

- 大切なのは、英語を声に出して練習すること。

第2章

こうしたら英語が話せた
(実践方法1割・精神的な部分9割)

実践方法1割 ☺

♥ 精神的な部分9割

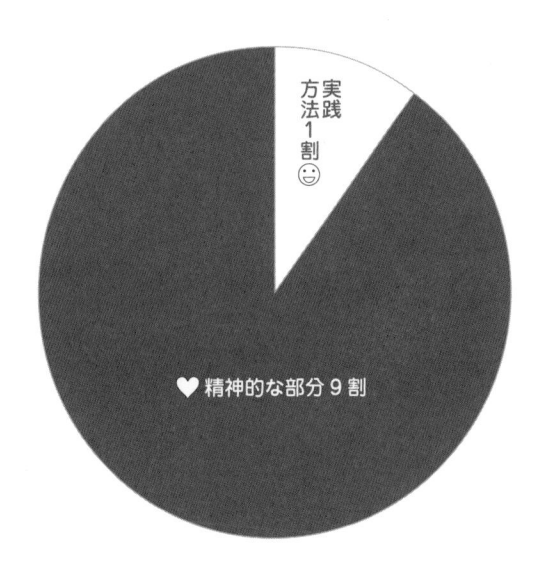

1　[第2章]こうしたら英語が話せた
（実践方法1割・精神的な部分9割）

臆病な私が英語で話した一言。それは中学で学んだ英語フレーズ"What's your name?""Where are you from?"だった。

　サークルを見学しに来たフランス人の留学生と私の話の続きをお話しします。実はその後、フランス人留学生と奇跡的に話をする機会に恵まれました。それは、サークル活動後の飲み会の席でした。私に千載一遇のチャンスが訪れたのです。

　なんと飲み会の席で、そのフランス人留学生が2席隣に座ったのです。

　「これは話しかけるしかない」

　しかし、心ではわかっていても、身体が動きません。どうしても勇気が出ません。どう話しかけたら良いかわからないですし、話しかけたとしても、その後の相手の反応が怖くて、やはり話しかけられませんでした。

　日本語でも見知らぬ人に話しかけるなんて、ほとんどしたことがありません。そのため外国人の、しかも日本語が話せない人に対してどう話したら良いか？　見当がつきませんでした。

　英語が話せるアメリカ帰りの先輩とフランス人の留学生が話している時は会話と場が盛り上がります。でも、一旦その先輩が違うと

ころに行ってしまうと、英語を話せる人がいなくなってしまうため、場が急に静まってしまいます。

先輩が違う席の後輩と話しに行った後、フランス人の留学生は話す相手がおらず、寂しそうにしていました。

それをわかっていながら、さらに2席隣という絶好のポジションに座っている私は、自分自身の不甲斐なさに情けなくなり、目の前のビールを手酌で何杯も飲んで、気を紛らわせていました。

しかし、お酒がそう強くない私は、中ビール1本を空けたくらいで酔っ払ってしまいました。すると不思議なことに、話しかけられない臆病な自分がどこかに行ってしまい、気がつけばフランス人留学生の隣に座っていたのです。

勢いのまま、目の前に来てしまった私。私だけではなく、彼女もまた驚いた様子です。

「何か話しかけないと、この場がぎくしゃくしてしまう」

直感でそう思った私は、勢いで思いつく英語を話してみました。

"What's your name?"

私の心臓はドキドキが止まりませんでした。何しろ、初めて出会った外国人の女性に、通じるかどうかもわからない英語を話したのです。答えを待っている間の2〜3秒が、20〜30秒に感じられました。

すると、彼女は "I'm Emma." と笑顔で答えてくれました。

「やったぁ。通じた。しかも笑顔になってくれている！」気を

良くした私は、私自身の自己紹介をしどろもどろに "I'm Satoshi. Nice to meet you." と言ってみました。すると、またこの英語も通じて、"Nice to meet you, too." と言ってくれたのです。

その後は、おそらく、"Where are you from?"（どこ出身ですか？）と中学1年で学んだ程度の英語を必死に思い出しながらいろいろと話したと思うのですが、何しろ酔っぱらった勢いで話しているので、何を話したのかはっきりと覚えていません。

しかし、間違いながらも英語を話し続けた私とフランス人留学生 Emma とは、会話が途切れることがありませんでした。私がしどろもどろに話した英語にもかかわらず、周囲のみんなは「宗形すごいな。何て言ってるの？ 訳して、訳して！」と尊敬の眼差しで私を見てくれたのでした。

最後に、調子に乗った私は Emma に、"Do you know Sakuragicho?"（桜木町って知ってる？）と聞き、"No." と聞くや否や、"Let's go together."（一緒に行こう）のようなことを口走ってしまいました。すると、彼女も「お願いします」と日本語で話してくれて、桜木町に行く約束をしてしまったのです。

2 [第2章]こうしたら英語が話せた
（実践方法1割・精神的な部分9割）

> 英語で話しかけると、次の扉が開く。
> それが「大成功」をもたらし、自信になる。

『ドルアーガの塔』というゲームがあります。プレイヤーは主人公を操作して、悪魔ドルアーガによって石にされてしまった巫女を助け出します。しかし、その巫女は、塔の最上階（60階）にいます。プレイヤーは、迷路状の各フロアに配置された鍵を手に入れ、扉にたどり着けば、次の階に進むことができます。そして、1フロアごとに敵（課題）が待ち構えています。

==もし英語がペラペラと話せるようになるのがこのドルアーガの塔の最上階に行くことで、扉は次のフロアへの入り口だと考えると、私は（外国人に）英語で話しかけることが、最初の鍵を手に入れることだと思っています。==

たくさんの日本人が英語を学んでいますが、残念ながらほとんどの人が英語を話せるようにならない、と言われています。中学・高校、今では小学校から英語を学んでいますが、全員が全員、英語が話せるようになるわけではありません。

その理由を私は、英語で話しかける勇気がなかなか持てないからだと考えています。

私もえらそうなことは言えません。中学・高校と6年間英語を

勉強してきたものの、英語の授業を除いて、英語を話したことなどなかったのですから。初めて自分から英語で外国人に話しかけたのは、大学生になってからでした。

つまり、1階から2階に上がる扉を開けるまで、6年以上もかかったことになります。しかも、先にお伝えしたように、私は勇気がなかったので、お酒の力を借りて、やっとのことでその鍵を手に入れたのです。

しかし、外国人に英語を話すことで、次の扉が開き、2階にたどり着きました。そして、「話しかけることができたんだ！」と自信がつきました。

それだけではありません。2階にたどり着くと、そこから新たな課題が明確に見えてきました。こうして1階ずつ上がっていくことで次への扉が開き、課題が見つかりました。

例えば自分の英語が通じなかった時に、発音が悪かったのか、イントネーションが悪かったのか、それとも通じないフレーズを話していたのか、声がただ小さかっただけなのか、という具合です。そして、その課題を次までに克服していくことで、自分の英語力に自信をつけていき、やがてこう気づきました。

「英語が話せるようになるためには、結局は英語を話し続けるしかない」と。このことが「大成功」をもたらすのです。

ここで言う「大成功」とは、自分が学んできたことが正しかったとわかることです。自分が教わって学んだ英語が通じた時、本当に気持ちが良く、自信がつくのです。

==グラパンは、私が英語学習法を聞いた時に、人生を変えるくらい大事な2つのことを教えてくれました。その2つとは「自信をつけること」と「間違えることによって学ぶこと」でした。==

これは英語を学んでいる人にとって非常に大事で、この2つがないと英語を話せるようにならない、と言っても過言ではありません。

彼はよく、私に向かってこのように言いました。

「間違えても良いんだよ。そこから学ぶんだ」
「Satoshi、もっと自信を持て」

私は最初、「間違えること＝恐怖」というイメージが拭い去れませんでした。中学の時も高校の時も、「テストで間違えること＝点数が引かれること」だったため、間違えることに異常なほどネガティブな感情を抱いていたのです。

しかし、グラパンに継続的に「間違いから学ぶんだ」と教えてもらうことによって、こう考えるようになりました。

「間違った英語フレーズを話して通じなかったら、通じるフレーズをその場で学んで使えば良いんだ」と。

こう考えることで、間違いを恐れず、安心して英語学習に取り組めるようになったのです。

では、どうしたら勇気は出るのか？

「英語を間違える勇気が出ません」
「英語で話しかける勇気が出ません。どうしたら勇気は出るのでしょうか？」

この答えは非常に簡単でシンプルです。

勇気とは自転車の自家発電ランプと同じようなものです。足でペダルをこぐことでランプがつきますが、こがなければランプはつきません。それと一緒で、「話しかける」行為があれば勇気のランプはつきますが、話しかけなければ、あなたの勇気のランプはつかないのです。

覚悟を決めて行動した時、勇気は後からついてくるものなのです。

💡ポイント

英語が話せるようになるためには、英語で話しかけることが大切です。

💡ポイント

人生を変えるくらい大事な2つのこと
　「自信をつけること」
　「間違えることによって学ぶこと」

3 [第2章]こうしたら英語が話せた
(実践方法1割・精神的な部分9割)

話しかける1秒の勇気。
不安だけれど話しかけてみることが大切。

　私が入っていたサークルには60人以上が在籍していました。しかし、英語が話せると言っていたのはアメリカ帰りの先輩の1人だけでした。

　みんな留学生が気になる存在だったと思いますが、英語で積極的に話しかける人はいませんでした。そんな中、私はお酒の力を借りたとはいえ、留学生に話しかけた2人の中の1人でした。

　中学校で学んだ英語の、ほんの初歩の英語を話しているだけでも、先輩や同級生たちからは、「宗形すごいなぁ」とほめられました。

　また、勇気を出して声をかけたからこそ、その日以降も彼女はサークルに来るたびに"Satoshi"と名前で呼びかけてくれました。

　英語で話しかけた日を境に、彼女にとって私は60人の中の1人ではなく、数少ない英語を話してくれる友達という存在に変わりました。

　後々いろいろな留学生に話を聞くと、留学生の多くは日本語が最初それほど得意ではないので、言葉の上手・下手は関係なく、日本人からコンタクトを取ってくれることはうれしいということでした。

私はこの心地良さが忘れられずに、この日以降、今でも外国人観光客で困っている人を見かけたら話しかけることにしています。そして、話しかけた方は、みんな "Thank you very much." と笑顔で言ってくれます。

「話しかけてみたい、でもどう思われるか心配だ」

　話しかける前には、いつもこの質問が私の頭を駆け巡ります。

　しかし究極のことを言うと、相手がどう思うか？という質問への答えは一生わからないのです。相手の頭の中は絶対に覗けません。

　相手は困っているかもしれません、逆に話しかけられたら迷惑かもしれません。しかし、親切心から話しかけて、困っていたら助けてあげる、困っていなければお礼を言って断られる（助けがいらない時も、"Thank you for asking." (聞いてくれてありがとう) と言って断る外国人の方が多いです）、これは本当に素敵なことだし、素晴らしいことだと思うのです。

　私たちが見知らぬ場所で道に迷っていたり何かに困ったりしている時、親切に声をかけてもらうとうれしいように、日本に来た外国人も声をかけられた時は喜んでくれる場合が多いものです。

　不安だけれど話しかけてみる、この行動を何度もくり返すことで、その不安はどんどん小さくなっていきます。そして、親切心から声をかけると、自分にも必ず良いことが起こると私は信じています。

　とはいえ、今すぐ外国人に英語で声をかけるのはやっぱり無理だと感じたとしてもご安心ください。その前の準備段階として、実はもっと簡単に行なえることがあります。

見知らぬ外国人に、しかも通じるかどうか不安な英語で話す、これは非常に難しく勇気のいる行動です。言ってみれば、登山経験がないのに富士山にチャレンジするようなものです。

　見知らぬ外国人に英語で話しかける際に立ちはだかる不安は、

- 自分の英語が通じるかどうか自信がないこと
- 見知らぬ人と話すこと自体に慣れていないこと

…の2つです。

　英語を話すことへの自信は精神的な部分にもかかわってくるため、一朝一夕で作れるわけではありません。こちらはじっくりと本書の内容を実践していただきながら作っていくとして、まずは後者の見知らぬ人と話すことが自然にできるようになることを目標にしましょう。

　具体的には、日常生活の中で、あなたが出会う日本人に話しかけるようにすると、驚くほど簡単に見知らぬ人と話すのが得意になります。

　では、どのように実践したら良いのか？ そちらを説明していきましょう。

💡 ポイント

話しかける1秒の勇気を持とう。

4 [第2章]こうしたら英語が話せた（実践方法1割・精神的な部分9割）

見知らぬ人に日本語で話しかける練習をしよう。その勇気があなたをさらに魅力的にする。

「街で外国人に英語で話しかけられたのですが、英語が全く話せませんでした」

「先日、友人が連れてきた外国人と話した時、全く英語が話せなかったんです」

上の2件は私がメルマガなどで相談を受けていた時に実際にあった悩みです。

実は、2つの悩みは英語の問題ではないということを意識したことがあるでしょうか？ これらの問題は、必ずしもあなたの英語力が低いという理由で起こったのではないのです。

では、何が問題だったのでしょうか？

==実はこのような悩みを持つ人の多くは、そもそも見知らぬ人との会話に慣れていないことが多いのです。==

あなたは、初対面の店員さん、掃除をしてくれているおにいさん・おねえさん、配達員さんなどに笑顔であいさつができますか？ そして会話することができるでしょうか？

もしこれが苦手であれば、「英語で初対面の人と会話してみてく

ださい」と言われても非常に難しいでしょう。

見知らぬ外国人に話しかけたり、その人たちと会話するには、英語力以外にとても大切な「初対面の人とのコミュニケーション能力」が必要なのです。

では、この能力はどのように身につければ良いのでしょうか？

今日から、あなたがいつも通っているお店の店員さん、近所で今まであいさつできなかった人、お世話になっている人などに笑顔であいさつをしてみましょう。まずは日本語で練習です。

初対面の人と会話をする練習により、

- 初対面の相手にどんなアプローチで話しかければ良いか？
- 会話はどうやってつないでいくと自然なのか？

…を経験を通して学ぶことができるのです。

以下に私が実際に日本で実践している方法をお伝えします。
いずれも、「笑顔」と「あいさつ」がポイントです。

例 バスのドライバーさんにあいさつ

私がカナダのバンクーバーにいた時に学んだことなのですが、バスのドライバーさんなどの公共機関で働いている人に、バンクーバーの人々は "Hi, how are you?" と話しかけ、降りる時は、"Thank you." と言って降りて行きます。

これを私は素敵な習慣だなぁと思い、日本に帰ってきてからも実践し続けています。すると、バスの運転手さんも非常にうれし

そうにしてくださいます。ぜひ、みなさんも降りる際に「ありがとうございます」とドライバーさんに向かって言って降りてみましょう。きっと喜んでくれると思いますよ。

例 掃除のおにいさん・おねえさん

　マンションの共用部分や、道の枯れ葉やゴミをきれいにしてくださったり、公共のトイレや、駅構内の階段をきれいにしてくださったりと、様々なところで掃除をしてくださる人がいるから、私たちは毎日気持ちよく過ごせるんですよね。

　そんな時に、「いつもきれいにしてくださってありがとうございます」と声をかけます。すると、「そんなこと言われたことがないからうれしい」と言ってくださったりします。このような声かけで感謝をする行為って素敵なことだと思いませんか？

例 配達員さん

　寒い日も暑い日も私に様々な日用品から学習参考書、大型の荷物などを届けてくれる配達員さんもなくてはならない存在です。そこで、その気持ちを感謝して相手に伝えます。「こんなに天候が悪い中、配達してくださってありがとうございます。風邪などひかないよう気をつけてくださいね」などと言って、時々リポビタンDなどをお渡ししたりしています。するとすごく喜んでいただけるのです。

例 店員さん

　相手のことをまずほめます。それは身につけている服かもしれ

ませんし、話している言葉やお店の雰囲気、食べ物かもしれません。ほめることで相手は心の扉を開いてくれます。そして、そこから私たちにも興味を持ってくれるのです。

==以上4つの例を出しましたが、相手をほめたり、相手がしてくれていることに感謝します。すると、相手は心の扉を開いて私たちを受け入れ、私たちに興味を示してくれるようになります。==

初対面の人と話す時に、相手にとっても私たちは初対面であることを忘れてはいけません。お互いが初対面で緊張しています。

そこで、私たちがまず相手にコミュニケーションがとりやすい状態を作ることができるようになれば、おのずと私たちのコミュニケーション力は上がっていくのだと思います。

以上のことは、日本でも毎日行なえることなので、ぜひ実践していただきたいと思っています。英語を話す時にも必ず役に立ちます。

話しかける際には、どんな年齢の方でも、「おにいさん・おねえさん」と呼ぶこともポイントです。このように話しかけることで、相手はすごく喜んでくれますよ。私も小さい子に「おじさん」と言われるよりも「おにいさん」と呼ばれた方が何倍もうれしいです。

さて、先ほどのメルマガの質問の答えですが、初対面の人とのコミュニケーション能力とあなたの英語力を同時に磨いた上で、外国人に英語で話しかけるステップを踏むと上手くいきます。

話しかける時は大前提として、相手の立場を考えて話しかけます。

フランス人留学生の子も、周りの日本人が日本語を話していて、1人取り残されているような雰囲気だったので、話しかけたらうれ

しいのではないか？と考えて声をかけてみました。

　また私が、お仕事をしてくださっている人に感謝の気持ちを述べることも、相手が喜んでくれるのではないか？と思うからこそ、日常生活の中でこのような言葉がけを始めました。

　このように、相手のことを考えた上で話しかけることで、話しかける勇気は、あなたをさらに魅力的な人にする1つの方法になると思います。

　初対面の人と上手く話せるようになる練習は日本でもできます。日本語で練習しても意味があるのか？ですが、初対面の人と話す練習をすればするほど、初対面の人とどんなことを話せば良いかがわかるようになると同時に、どんな英語を覚えれば良いのか、どんなことを話題にすれば良いのか、おのずとわかるようになるので、一石二鳥の効果が期待できますよ。

　話しかけることに慣れるために、まずは日本人でいつも良くしてくださっている人に「ありがとう」「感謝しています」と声をかけることから始めましょう。いつの間にか、見知らぬ人にも声をかけることが当たり前になると思います。

> **ポイント**
> まずは日本語で、初対面の人と上手く話す練習をすることから始めましょう！

5 [第2章]こうしたら英語が話せた（実践方法1割・精神的な部分9割）

相手が思わずあなたに好意的に接してしまう方法。それは「笑顔」を見せること。

次に、見知らぬ人と心地良く会話するための方法をお伝えします。私はカナダ留学の時に初めて気づいたことですが、この方法もまた日本でできる方法ですので、ぜひ実践してみてください。

カナダに留学してから間もなく、私は街の喫茶店や洋服屋さん、雑貨屋さんなど様々な場所に出かけるようになりました。

すると、ある1つのことに気づきました。

それは、店員さんや係員さんの表情の変化です。私に対する店員さんや係員さんの表情が暗く、冷たく感じるのです。現地のカナダ人への対応に比べると、あきらかに違っていました。

留学してから数カ月間は、その原因を私はこう考えていました。「私のリスニング力やスピーキング力が足りないから、店員さんも困惑しているんだ」と。

しかし、留学してから半年が過ぎて、リスニング力やスピーキング力が確実に上がっているにもかかわらず、相変わらず店員さんや係員さんの表情は暗く、冷たいように感じられました。

「あれっ？ おかしいなぁ。今の英語、聞きとれて、普通のタイミ

ングで"Yes."とか"Sure."とか言ったはずなのに。それに、お金を"Here you are."ってベストのタイミングで渡したのになぁ」

こうなると、「私の何がいけないのだろう？」と思わざるをえません。

さらに観察すると、なぜかヨーロッパ系の人々には、店員さんは明るく楽しそうに接していることがわかりました。そして日本人観光客には店員さんは暗く、冷たく接しているように感じるのです。

この時、私はこう思いました。

「バンクーバーは日本人観光客がたくさん来るから、日本人に慣れすぎているのではないだろうか？ そして、観光に来る日本人の多くは英語がそれほど話せないことから、店員さんもやきもきしてしまって、対応に疲れているのではないだろうか？ これに対し、ヨーロッパの人々は英語が上手な人が多いから、店員さんもコミュニケーションがとりやすくて明るく接しているのだろう」と。

ここでも、英語力に問題があるんだ、と考えていたのです。

ところが、主な原因は全く違うところにありました。それに気づいてから、店員さんの対応はまさに180度変わったのです。

それは、バンクーバー図書館で本を借りていた時のことでした。バンクーバーはとても新しい町で、130年程の歴史しかありません。そして、ほとんどの人は他国からの移民です。そのため、バンクーバー図書館にはいつもアジア系、ヨーロッパ系など様々な人が訪れます。

ある時、図書館員さんと借りる人の会話を何気なく見ていると、

あることに気づきました。

それは、アジア系の人と話す時の図書館員さんは、なぜか気難しそうな顔をしているのに対し、ヨーロッパ系の人と話す時は顔がほころんでいたり、笑顔だったりするのです。

図書館員さんはヨーロッパ系の人には、"Hey, how are you doing?" と気さくに話しかけています。なぜ、これほどまでに対応の仕方が違うのだろうと思っていたら、アジア系の人とヨーロッパ系の人では、決定的な違いがあることを発見しました。

それは、「笑顔」です。気難しそうに対応していた時の店員さんに対するアジア系のお客さんには笑顔がありませんでした。しかしヨーロッパ系の人には笑顔がありました。

私は、「これだっ！」と思いました。

英語の上手・下手の違いではなく、表情の違いが店員さんや係員さんの表情を硬くムスッとさせていたのです。

このことに気づいた私は、さっそく図書館員のおねえさんに満面の笑顔で "Hello." と声をかけてみました。留学して6カ月が経っていましたが、このように図書館員さんに接したのは初めてでした。

すると、私の前にいた同じアジア系の人にはムスッと対応していた図書館員さんが、私には満面の笑顔で、"Hey, how are you doing?" と言葉を返してくれたのです。

今まで、何度も図書館に足を運んでいて、冷たく暗い対応をしていた図書館員さんが、満面の笑顔を見せ、しかも親しげに言葉を返してくれたのです。カナダ留学7カ月目の快挙でした。

==私はこの時、もっとも大切なことに気づきました。それは、店員さんや係員さんが暗く冷たい対応をしていたのではなく、私が暗く冷たい顔をしていた==、ということです。

この時以来、私は、「相手の表情は自分の表情を映す鏡なのではないか」と思うようになりました。

コミュニケーションの場で、相手が暗く冷たい顔をしている時は、自分自身が暗く冷たい顔をして接している、と気づくようになったのです。

笑顔は相手の心に安心感を与えます。それによって、相手とのコミュニケーションが円滑になります。

ここで余談にはなってしまうのですが、笑顔の不思議についてお伝えさせてください。

実は笑顔で接すると相手が好意的になってくれるのは北米だけではありませんでした。私の場合は1年前から常に笑顔でいることを目標にしているのですが、奇跡の連続が起きています。

私がいつも笑顔で接していると、なぜか普段無愛想だったコンビニの店員さん、郵便局員さん、配達員さん、お客さん、そして家族までもが、笑顔になってくれます。そして笑顔でいるとなぜか、無愛想にしていた時よりも相手からのアプローチがずっと良くなりました。

例えば、あるお店では抽選くじで外れても、「いつも来ていただいているので」と言って、豪華景品をいただいたり、袋詰めはお客様にお任せしています、というお店でも、店員さんが優先的に袋詰

めをしてくださいます。

　また、それまで3年以上も商店街の中に住んでいたにもかかわらず、誰ともあいさつがなかったのですが、ここ1年常に笑顔で近くの商店街を歩いていると、多くの人に声をかけていただき、あいさつをしていただけるようになりました。

　それに何より、妻が笑顔でいることが増えました。

　笑顔は心のパスポートだと何かで読んだことがありますが、まさに笑顔は人の心を柔らかくし、コミュニケーションを取りやすくする大切なものです。

　英語でも、私が無表情だったり困った顔をしていると会話がすぐに終わってしまうのに、笑顔でいることによって会話が続き、相手が私を気遣ってくれることが多くあります。これはカナダだけではなく、アメリカやインドネシア、ドバイ、フランス、イタリアなどでもそうでした。つまり、世界中で笑顔はコミュニケーションにおいて本当に必要なものなのだと実感しています。

　笑顔について、英語を話すための本でこれほどページを割いて書かれている本はないかもしれません。ですが、笑顔は相手と円滑に英語を話すために絶対的に必要なものだと思っています。

　ただ、普段から笑顔でない人が、突然英語を話す時だけ笑顔になることはできませんよね。ではどうしたら良いのでしょうか？

　それではまた、できることからスタートしましょう。

　例えば、鏡を見たらいつも笑顔にしてみましょう。口角がしっかり上がっているか、目が垂れて優しそうに見えているか？ チェック

してみましょう。そして、その笑顔を最初は **1** 分、次は **2** 分と続けてみてください。目標は **24** 時間です（笑）ずっと続けられるようにトレーニングしてみてください。半分冗談ですが、半分本気です。

　鏡が見られるトイレや洗面所では常に笑顔の確認です。

　そうすれば必ず、英語を話す時も笑顔になっているはずですし、あなたに笑顔の不思議な力が働いて、たくさんの良いことが起きてくると私は思います。笑顔の奇跡を体感してみてくださいね。

💡 ポイント

コミュニケーションの基本は「笑顔」です。

6 [第2章]こうしたら英語が話せた
（実践方法1割・精神的な部分9割）

まともな英語が話せずに大ショック。
せっかくのデートもわずか2時間で終了。

　さて、フランス人留学生との話の続きに戻ります。サークルの飲み会でお酒の力を借りて、勢いでフランス人留学生 Emma を桜木町に誘った私は、2人きりで桜木町をデートすることになりました。

　私は心臓のバクバクが止まりませんでした。楽しみで仕方がありません。

　英語に関しては何の不安もありませんでした。なぜなら、お酒の力を借りたとはいえ、英語を話して通じた体験があったからです。「あの調子でいけば、大丈夫だろう」そう安易に考えていました。

　しかし、その自信は 2 時間後、見事粉々に崩れ去ります。

　JR 桜木町駅改札前で待ち合わせをして、いざ、横浜のデートスポット桜木町へ2人でくりだしました。しかし、出発したのは良いのですが、私は最初の一言がどうしても英語で出てきません。どのように話を切り出したら良いかわからないのです。

　"Where are you from?" や "What's your name?" などの質問は全て飲み会の時に聞いてしまいました。私には飲み会で話した英語以外に話す英語が見つかりませんでした。

また今回はお酒が入っていない状態なので、適当に英語を話すということができません。正しい英語、正しい英語と、どこかで正しさを追求してしまって、考えれば考えるほど頭の中が真っ白になっていきました。

　さらに、Emma が気を遣って話してくれた英語も全く理解できませんでした。

　以前、お酒が入った時はかすかに聞きとれていた彼女の英語が、なぜかお酒が入っていない時は全く聞きとれないのです。

「おかしい。どうして全くわからないんだろう…」

　会う前のワクワクしていた気持ちが嘘のように、全身に冷や汗をかきながら「まずい」と感じました。このままでは、話が全くできないし、彼女に「楽しくない」思いを抱かせてしまう。

　そう思えばそう思うほど、この予想は的中していきました。

　悪い流れは絶ちきれず、会話がないままお店を回るだけの状態になってしまいました。

　何も話ができません。
　英語が一単語も出てきません。
　焦りだけが募っていきます。

　そして、たった 2 時間で桜木町のデートが終了しました。2 人とも最初から最後まで、ほぼ無言で終わってしまったのです。

　最後に彼女が何かを言って去って行ったのですが、私は英語がわからないせいで、その意味もわかりませんでした。

私は、これほどまでに英語が話せないのか？
いったい今まで、英語の何を勉強してきたのだろう？
自分自身を責めました。

　<mark>そして私は、1つの決断を下しました。</mark>
<mark>「今後、一切英語が話せないような方法は取りたくない。絶対にリベンジをして英語がペラペラ話せるようになってやる」と。</mark>

　<mark>そして、グラパンに英語が話せるようになるための方法を聞きに行ったのでした。</mark>

　お酒が入っていた時にはよく聞きとれて、よく話せた理由は、すべての英文を完ぺきに理解したり話したりしようとしなかったからだと思います。その代わり、相手が話す内容を理解することに努めたり、相手に伝わることに重きを置いていました。

　逆に理性があった時は、「正しく理解しなくてはいけない」「正しい英文を話さなくては通じない」と考え、その真面目さ・完ぺきさが空回りをしてしまいました。

　英語はコミュニケーションのツールです。決して学んだ通りに完ぺきに言えなくて良い。理解できなくても良いのです。相手と会話を楽しむことが大切なのだ、と痛い体験を通してわかりました。

ポイントのまとめ

■ 英語が話せるようになるためには、英語で話しかけることが大切です。

■ 人生を変えるくらい大事な2つのこと
「自信をつけること」
「間違えることによって学ぶこと」

■ 話しかける1秒の勇気を持とう。

■ まずは日本語で、初対面の人と上手く話す練習をすることから始めましょう！

■ コミュニケーションの基本は「笑顔」です。

第3章

英語が口から飛び出すことが可能になった方法
（実践方法3割・精神的な部分7割）

実践方法3割 ☺

♥ 精神的な部分7割

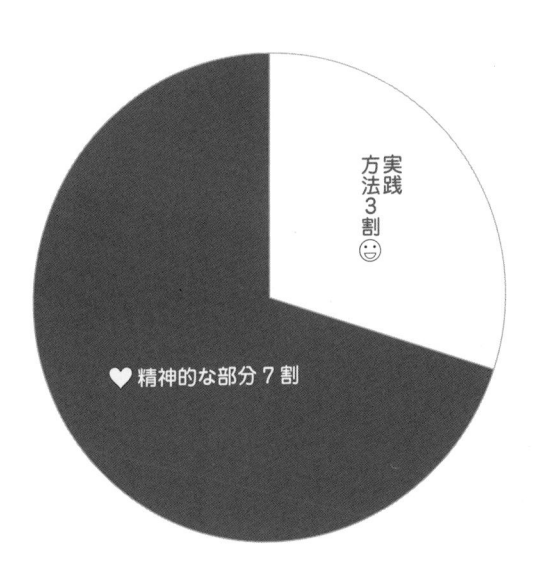

1 [第3章] 英語が口から飛び出すことが可能になった方法
（実践方法3割・精神的な部分7割）

私はそれまでの英語の知識を捨てた。手元に残ったのはたった1冊の本と文法書だけ。

　フランス人留学生とまともな会話ができなかった私は、『英会話・ぜったい・音読・入門編』の本に沿って学習することに決めました。

　しかし、最初からすぐに『英会話・ぜったい・音読・入門編』を使って学習できたわけではありませんでした。今まで自分が習慣にしていたことをやめるには、相当な決意が必要でした。

　グラパンから教えてもらった英語学習法が一番良いと頭ではわかっていても、今まで学習してきた英単語や英語構文の本、そしてテレビ・ラジオ講座の本が本棚にたくさん並んでいるわけです。

　それらの教材が目に入ってくると、グラパンに言われた学習法よりも、それらを学習している方が心地良い気がしてしまいます。

　それに、大学受験のため英語教材だけで親に5万円分以上も購入してもらっていました。その中には1教材だけで3万円もするものもありました。そのため、親への罪悪感もあって、なかなか教材を捨てられなかったのです。

　しかし、どの本も教材もグラパンが言ったような英語学習法に沿って書かれたものではありません。そして、それらを勉強しても、

英語が話せなかったのは事実でした。

その時、ふとフランス人留学生と無言のまま歩き、桜木町を楽しめなかった悔しい思いが再燃してきました。

「もう英語が話せないのは嫌だ。勉強していないわけではないのに、どうしてこんなに私は英語が話せないんだろう。おかしい。今後、英語が話せない勉強はしたくない。絶対もっと英語を話せるようになる」と。

==そこで私は『英会話・ぜったい・音読・入門編』と英文法の問題集1冊だけを残し、思い切って本棚にあった20冊近い英語の本を全て捨ててしまいました。こうして、『英会話・ぜったい・音読・入門編』以外の学習をやめたのです。==

この思い切った行動の裏には、私の怠け癖がありました。

私は何かをするといつも3日坊主になってしまい、英語学習の習慣化ができませんでした。

そのため、全部の英語本を捨てるくらいの決意がなければ、また続かなくなってしまうと思ったのです。

そして、こう考えました。

「せっかく買った本だけれど、自分のためになっていなければ、宝の持ち腐れだし、もうこれ以上無駄な本は買いたくない。英語が話せるようになることで、親やこれらの本に恩返しをしよう」と。

怠け癖のある私には、こう考えることが前に進むための大切な理由づけになったのです。

『英会話・ぜったい・音読・入門編』(講談社インターナショナル／國弘正雄・久保野雅史・千田潤一／2001年)のp.32には、〈「飽き」と、どう闘うか?〉の項目があります。そこには次のことが書いてあります。

> 1. 毎日必ず練習する
> 2. 無理しない
> 3. 練習の習慣をつくる

3日坊主で終わってしまう私の性格では、この3点に加えて、

- 習慣化するには、**1つか2つの英語学習本に絞る**
- 今まで成果が出てこなかった(中途半端に実践して終わっていた)英語本を処分する

この2点が精神面を支える上で、実践と同じくらい大事でした。

もしかしたら、多くの英語学習者さんも私と同じかもしれません。1つの教材で勉強しても、長くは続かず次の教材を買ってしまう。この繰り返しになっている人は、正しい英語学習法に出合ったとしても、英語は話せるようになりません。

英語は、正しい英語学習法を知って、それだけに集中して実践する気持ちと習慣がとてもとても大切なのです。

ポイント

教材を絞り、集中して学習する気持ちと習慣が大切。

2 [第3章] 英語が口から飛び出すことが可能になった方法
（実践方法3割・精神的な部分7割）

新しい英語学習の前に、思い切って今までの英語本を整理しよう。

『英会話・ぜったい・音読・入門編』と英文法の本以外の本を整理したことによって、私は気持ちがすっきりし、この2冊の学習に集中することができました。その結果、3カ月の間、他の本に浮気せずに学習できたのです。

本を整理する前は、

- いつか読むだろうと思って取っておいた本
- 中途半端に読んだ本
- 中途半端に行なった英語本

これらがそのまま本棚に残っていたり、クローゼットの中に入っていたりして、本棚やクローゼットを見るたびに、罪悪感が生じていました。

具体的には、それらの本を見るたびに「いつかやらないといけない（でもできないから自分ってなんて根性がないんだろう）」と思っていたのです。そういった罪悪感にさいなまれながら英語学習をしたところで、成果は全く上がりませんでした。

そこで、思い切って2冊の本以外を処分したところ、私自身の

==気持ちが非常にすっきりして、新しく物事に向かおうという晴れ晴れしい気分になりました。==

==新しい英語学習の前に、今までの英語本を整理しましょう。==

　本の整理をして、「この本で英語を話せるようにする」と決めた1冊は、最低3カ月は実践すると決めてみてください。そして3カ月は今までになかったくらい本気でやりきる、という気持ちを強く持ってください。

　もし、今まであなたが3カ月英語学習を続けたことがなかったのであれば、必ず何かしら成果が手に入ると思います。

　実は、この方法をオススメし、『英会話・ぜったい・音読』の本を3カ月集中的に学習されただけで、「某英会話学校に2年通った時よりも充実感を感じています」とおっしゃられた方もいるくらいです。

　太陽の光を集中させると物を燃やす力に変わります。集中することで違う現象を引き起こすことができるのです。あなたも1つの本に集中しましょう。あなたのその集中力が奇跡を起こすはずです。

　また、少し飛躍しますが、何かを始めたり集中して行動力を上げたい時は、英語本だけではなく、

- ■家の中の掃除をする
- ■パソコンの中身を掃除する
- ■携帯の中身を掃除する

　…を実践してみることもオススメです。

私は、英語本を整理してから上手くいったという成功体験以来、どんな本も、今後ずっと読まないで本棚に取っておくよりは、整理をして古本屋さんに売ったり図書館に寄付するなど、その本を活かした方が良いと考えるようになりました。これが驚くほど上手くいっています。とてもオススメなのでぜひ行なってみてください。

　今まで新しく行動することが面倒だったのが、精神的に気分が軽くなり、新しいことに取り組みやすくなります。すると行動力が上がり、今後の成果が変わってきます。

実践3割 ☺ ♡ 精神7割

> **ポイント**
>
> 新しい英語学習の前に、今までの英語本を整理しましょう。

> **ポイント**
>
> 信じた方法で3カ月、今までにないくらい本気でやってみる！ その集中力が奇跡を起こす！

3 [第3章]英語が口から飛び出すことが可能になった方法
（実践方法3割・精神的な部分7割）

英語学習がどうしても進まない時にオススメする3つの方法。

　英語学習をしている時に、「今日は気分が乗らないなぁ」「ちょっとやる気が出ないなぁ」と思う時ってありますよね。

　実はこの気持ちってどんな人にも当たり前のように起こるものなのです。

　そして、私にも当然、頻繁に起こっていました。

　ではこの気持ちがある中で、どうしたら学習を続けることができるのでしょうか？

　ここでは具体的な方法を3つお伝えしますので、試してみてくださいね。

　1つめは、あなたの中で英語が話せるようになる目標をはっきりさせてみましょう。

　あなたは今後、どの程度英語が話せるようになりたいのでしょうか？ 話せるようになって、何がしたいでしょうか？

※実際に右ページに書いてみてください。

> ■ 6カ月後はどうなっていたいですか？
> ✎ _____
>
> ■ 3カ月後はどうなっていたいですか？
> ✎ _____
>
> ■ 1カ月後はどうなっていたいですか？
> ✎ _____

　ぼんやりと英語学習をしていると、「別に英語学習しなくても良いから」「いつまでに何かしないといけない訳ではないし」と上手く言い訳をしてしまう自分が出てきてしまいます。

　そのため、大切なのは、「いつまでにどうなりたいのか？」という具体的な目標と期限を決めて、行動することです。

　海外旅行に行く予定が立てられるあなたなら、「6カ月後に海外に行くので、海外旅行で使える英語をある程度話せるようにしておく」、英会話学校に通っているあなたなら、「3カ月後に1つ上のレベルのクラスに入れるようにする」、自宅学習をしているあなたなら、「1カ月後に自己紹介だけはペラペラ話せるようになる」「1カ月後からオンライン英会話を始めるから、それまでに最低限の英語が話せるようになる」などです。

　こうして具体的な目標と期限を考えます。

　その上で、その目標にアプローチできる方法は何か、を考えましょう。こうすることで、あなたの目標はかなう可能性が非常に高くなります。

そして、決めた目標が1カ月後、3カ月後、6カ月後にかなっているのか？　それともかなっていないのか？　検証してみましょう。検証してみて、かなっていないのであれば、計画を改めてください。そして、改善して改善して、結果が出るまで改善するのです。

　2つめの方法は、本格的な学習の前に、準備運動をするやり方です。

　水泳の時も最初に準備体操をしてからプールに入るように、英語学習をする前に、まずは学習しやすいものから学習を始めます。

　私の場合は、『英会話・ぜったい・音読・入門編』のトレーニングを始める前に気分が乗らなかった時は、文法が合っているかどうかチェックできる『基礎英文法問題精講』（旺文社／中原道喜）を行なっていました。

　受験勉強の癖が抜けなかった私は、本を整理した際に『基礎英文法問題精講』の1冊だけを取っておき、10～15分、毎日こちらを学習していたのです。学校の勉強の癖が残っていたので、こちらは比較的取り組みやすかったんですね。

　すると、『英会話・ぜったい・音読・入門編』のトレーニングが少し乗り気じゃないという時でも、勉強スイッチが入ってトレーニングしやすくなりました。

　今まで慣れてきた学習を10分位行なって、そこから本格的なスピーキングの勉強に移ることでスムーズに上手くいったのです。また、学んだ英語の文の法則なども確認することができたので、文法書を一緒に使ったのは非常に良かったと今は考えています。

そこで、もし中学校の文法が理解できていない場合は、中学校の文法をわかりやすく学べる文法書と英語を話すトレーニング本を併用されることをオススメします。日常会話程度の英語を話すための文法なら、高校までの高度なものは必要ないと私は個人的に思います。私は『基礎英文法問題精講』を使いましたが、本屋さんに行ってご覧になり、わかりやすく、読みたい・実践したいと思うものを選びましょう。ちなみに私のオススメは、

『中学英語をもう一度ひとつひとつわかりやすく。』（学習研究社／山田暢彦）
『くわしい英文法 中学1～3年』（文英堂／金谷憲）などです。

　==体を動かしやすい準備運動をしてから、本格的な運動に入るように、あなたの心の準備運動をしてからスピーキングの練習に入ってみましょう。==

　==3つめの方法もまた、心の準備をしてからスピーキングの練習に入る方法ですが、いつも決まったことをした後に英語学習に入る方法です。==

　これはスポーツ選手なども行なっています。野球選手が打つ前にバットを毎回同じように振り回してみたり、サッカー選手がグラウンドに入る前に土を触ってみたりと、何か良いことが起こるように自分でげんを担ぐような方法です。

　私の場合は、文法学習を始めたら自分の気分を乗せるためにいつも同じ洋楽をかけて学習していました。すると、その曲がかかると勉強モードに入れる、という良い循環ができました。

　また、朝起きてすぐなど、いつも決まった時間に学習するようにしました。以前はバラバラな時間に勉強していて、習慣化が難し

かったのですが、決まった時間に学習することで、よりスムーズに学習に入れるようになり、これが習慣化につながりました。

以上3つをご紹介しました。

さて今は、10数年前よりもずっと英語が話せるようになるための良書が出版されています。それでも、「英語が話せるようになっていない」人はたくさんいます。その理由として、正しい英語学習法を知っていても、どうしても学習に前向きになれなかったり、習慣化できなかったりするのです。

「ちょっと今日はやる気が出ないから」「今日は疲れているから英語学習が続けられない」と毎日の忙しさに影響されてしまって、実践ができないという精神的な部分が関係しています。

そんな時、行なわなければいけないことへの怠け癖をどのようにして克服するか？ということが大事になります。

行なわなければいけないことは、実は、習慣化するのが一番です。

私は子どもの頃、歯磨きが嫌でした。お風呂も面倒くさかったです。でも、それが今できているのは、習慣化のおかげだと思います。あなたもそうではないでしょうか？

さらに、新しい職場や学校に行くために、朝はこの時間に起きないといけない、この道を通って行かなくてはいけない、と初めは意識的に思っていたはずですが、今ではそれが普通になっていませんか？

これも習慣化のおかげですよね。

英語学習でも、行なわなければいけないことを習慣化することで、次第に精神的な苦痛を伴わなくてもできるようになります。

　次は、さらに英語学習を習慣づけるための方法についてお伝えします。

> **ポイント**
>
> 英語学習が進まない時は、
> 1. 目標をはっきりさせてみる
> 2. 本格的な学習の前に、学習の準備運動をする
> 3. いつも決まったことをした後に学習に入る

4 ［第3章］英語が口から飛び出すことが可能になった方法
（実践方法3割・精神的な部分7割）

英語学習の習慣のつけ方。
大事なのは小さなことから始めること。

英語学習をし始めても、

- 忙しい用事ができてしまって続かなかった
- たまたま病気になってしまってやめてしまった

…なんてことはありませんか？

先ほどもお伝えしましたが、英語が話せるようにならない人の多くは、英語学習が習慣化できていないことに原因があります。

そうは言っても、毎日仕事や家事、学校、部活と大忙しの私たちには落ち着いて英語学習の時間を作ることは難しいかもしれません。

いつもより朝1時間早く起きると決めても、よほど強い意志の持ち主以外はそれが難しくなってしまいます。同様に夜に英語を勉強すると決めても、疲れて帰ってきた時はゆっくりしたいこともあるでしょう。

そこで、ここではあなたが無理なく英語学習を習慣化できる方法をお伝えしようと思います。その方法とは、「今現在習慣化していることと結びつける」ことです。

最初から3時間勉強する、と決めるよりも、今習慣化ができているものと一緒に英語学習を行ない、その時間帯を延ばしていく方が、精神的な負担も体力的な負担も少ないものです。

　例えば、朝、歯磨きをする習慣のある人は、どんなに忙しくても歯磨きの時間は確保できているわけです。そこで、その歯磨きの時間に英語のリスニングを行ないます。また、お風呂の湯船に毎日30分入れる人は、お風呂で英語のリスニングもしくはスピーキングをしてみます。

　また、習慣化されている物事の前後に英語学習をすることもオススメです。例えば、夜、歯磨きをする前に、必ず英語を15分勉強して、その後に歯磨きをするようにしてみます。

　最初はちょっと違和感を覚えるかもしれませんが、まずは1週間続けてみてください。目標は、英語を勉強せずに歯磨きをすると、「あれ、何か物足りないなぁ」と感じるくらいまで続けることです。

　歯磨きを忘れると歯が気持ち悪いように、英語学習を忘れると脳が気持ち悪くなる感覚が持てれば大成功です。

　この方法は応用が可能です。

　例えばトイレの中です。トイレに入った時には必ずトイレの壁に貼ってある英語を唱えるようにしてみます。すると、トイレに貼ってある英語は高確率で覚えて話せるようになるでしょう。

　また、ベッドに寝転んだ時に見えるところに、言えるようになりたい英語フレーズ集を貼っておきます。そして寝る前に10回ずつ言ってから寝るようにしてみましょう。英語を話していない時に比

実践3割 ☺ ♡ 精神7割

べて、英語が話せるようになることは間違いありません。

余談ですが、寝る前にポジティブな英語のフレーズなどを唱えて寝ることもオススメです。信じなくても大丈夫ですが、次の日の目覚めが良くなりますよ。

こうしてあなたが普段生活している中で、無理のない範囲で、英語学習が習慣化できるようにしてみてください。楽しくできるアイデアを考えてみましょう。

そして、もう少し英語を勉強したいなぁと思えてきたら、本格的に火曜日のこの時間は英語の時間と決めるなど、あなたの生活の中の重要項目の1つとして扱い始めましょう。その時は英会話学校に通うことでも良いですし、オンライン英会話を始めるのでも良いので、この日はこの場所で英語を勉強するという習慣も作れるようになっているでしょう。

大事なことは小さなことから始めること。そして上手くいきだしたら、その習慣を続けること。それから、時間を増やせるのであれば増やすこと。そうすれば、無理なく英語学習習慣をつけることができるでしょう。

💡ポイント

すでに習慣化できていることに英語学習をくっつけると、驚くほど簡単に習慣化することが可能になります。

5 [第3章] 英語が口から飛び出すことが可能になった方法
（実践方法3割・精神的な部分7割）

意外！ 今日から誰でもできて、効果が高い「トイレで英語学習」。

　私が行なってもっとも効果が高かった、トイレ英語習慣のススメをお伝えします。

　語学学習には、様々な誘惑や邪魔が入りますよね。例えば、家にいたらテレビが見たかったり、家族がいる人は家族から話しかけられたり、通勤・通学中は声が出せなかったり。

　そんな私たちは、英語学習をどうしたらこなしていくことができるのでしょうか？　先ほどはすでに習慣になっているものにくっつけて英語学習することをお伝えしました。今回はその考え方を応用したオススメの方法です。

　その方法とは、自宅のトイレで英語学習を行なうことです。

　健康な成人がトイレに行く回数は1日4〜7回だそうです。1回あたり3〜5分だと考えると、トイレの回数が少なく、時間が短い人でも1日あたり12分のトイレ時間になります。1カ月にすると360分（6時間）、1年にするとなんと72時間もの時間、私たちはトイレにいるのです。

　トイレはあなただけの空間ですし、家のトイレであれば多少うるさく声を出したとしても気になりませんよね。さらに集中できる場

所でもあると思います（私の場合は、語学学習をしている時は必ず自宅のトイレ時間を活用しています）。

　そうは言っても、男性は立ってトイレに入るので時間が短いし、練習している時間はないのではないか？　最初は私もそう思っていました。しかしある時妻から「トイレに立って入られると床や便座が汚れるから、座ってくれない？」と言われまして、便座に座るようにしたのです。すると、便座に座ることで、今まで一瞬の時間だったトイレ時間がゆっくりできる時間に変わりました。

　さらに、トイレをきれいにしておくことで、運が良くなることやお金持ちになることを小耳にはさみ、こまめに掃除するようにもなりまして、さらにトイレにいる時間が長くなりました。

　そのため、おそらく、1日あたり私は家のトイレに、20〜30分入っていると思います。私は、その時間を有効活用して、英語を話す練習をしているのです。

　トイレでの語学学習があったからこそ、私はインドネシア語、フランス語、イタリア語などを短期間で話せるようになった、そう言っても過言ではありません。

　ぜひ今日から、トイレで英語を話す練習を開始してください。誰にも邪魔されず、そして恥ずかしくなく集中して英語が学べるはずですよ。**トイレに入ったら、そこをあなた専用の英語学習部屋にしてしまいましょう。**

　1年で72時間、英語を話す練習をしていたらどうでしょうか？していない時に比べて、どのくらい英語が話せるようになるでしょうか？

6 [第3章]英語が口から飛び出すことが可能になった方法
（実践方法3割・精神的な部分7割）

自宅にいながらネイティブに通じる発音を手に入れる方法。

帰国子女のグラパンがある時、こんなことを言いました。

「Satoshi、俺は英語で聞いたことがあるものなら何でも発音ができるんだ。1回聞けば、再現できるんだよ。だからこそ、英語が得意なんだと思う」

私はグラパンから学ぶことは謙虚に受け止めようと決めていたので、この言葉の意味を慎重に考えました。

「グラパンは、1回聞けば、相手が言ったように話せるくらいまで、耳の感覚を研ぎ澄ませている。そして、発音やイントネーションも通じるようにできるってことか」

この一言から、私はListeningの時の静聴の重要性を知り、英語の勉強をする際は、ヘッドフォンやイヤフォンを必ずつけるようにしました。また、Speakingをする際も、モデルとして聞いた音を聞いたままに発話できるまで何度も練習するようになりました。そして、聞いたままに発話できているかを確認する方法を考案しました。

その方法とは、2つの手を使って、発した音を耳に直接聞こえるようにする方法です。この方法を編み出してからは、英語の発音やイントネーションをより忠実に再現できるようになりました。

声を口から耳に直接送りこむイメージです。

　私が英語発音に特化した参考書で特に学習していなかったり、発音だけのレッスンを受けたことがないにもかかわらずネイティブに通じる発音を手に入れた理由は、この静聴と発声した音の確認を慎重に行なっているからなのです。

　私は英語以外にインドネシア語、アラビア語、フランス語、イタリア語と学んだのですが、英語と同じように、CDの音を静聴し、発声した音が元のCDの音とできるだけ近くなるように真似しました。どうしても真似できない音のみ、発音の説明や解説を読んでその音が出せるようになりました。

　上記の言語をいずれも短期間で、ネイティブに通じるように話すことができた理由は、静聴とCDの音の複製に力を注いだことに他なりません。

　ここでは手を使って、あなた自身の耳でCDの音と比べる方法をお伝えしましたが、今度は、あなたが発した音が実際に通じるのかを調べる方法をお伝えしたいと思います。

　1つめはiPhoneやiPadに付属しているSiriを使った方法です。

　まず、Siriを英語バージョンにします。

設定 ⇒ 一般 ⇒ Siri ⇒ 言語 ⇒ 英語とタップすると、Siriが日本語バージョンから英語バージョンになります。

英語の中でもアメリカ、イギリス、オーストラリア、カナダがありますので、あなたが目指したい発音の英語を選んでください。

　そして、Siri を英語バージョンに設定し終えたら、学んだ英語フレーズを発話してみましょう。その上で、

- ■ Siri が正確にあなたの発音を読みとってくれたらあなたの発音は通じる可能性が高いです
- ■ もし正確に読み取らない場合は、発音を変更する必要があると思われます

　例えば、Siri に "I'm home." と話しかけたとします。すると右の画面のようになります。

　ポイントは、"I'm home." と Siri に表示されるかどうかです。もし表示されれば、あなたの "I'm home." の発音は通じる可能性が高いということです。また、もし表示されなければ、通じる可能性は低いものと思われます。発音の工夫が必要でしょう。

　今回、私の "I'm home." に対して、Siri は "Great, homey!"（いいね、友達！）と返答しています。Siri は他にも "Welcome home."（おかえり）など、話しかけるたびに違った返答をすることがありますが、発音が通じるか（"I'm home." が表示されるか）があくまでもポイントとなります。

　私個人の意見ですが、Siri の正確性は非常に高いと感じました。

私自身も英語で話しかけることがありますが、私が話した英語は忠実に再現されます。

　余談ですが、私がフランス語を学んでいる時にも Siri を活用していました。そして、あの発音が難しいと言われるフランス語でも、Siri に通じたフランス語はネイティブにも通じました。

　では、Siri を使える環境がない、という場合はどうすれば良いでしょうか？ そんなあなたもご安心ください。

　あなたがパソコンとマイク付きヘッドフォンをお持ちでインターネットへのアクセスができるなら、こんな方法があります。まず、ウェブブラウザを Google chrome にしてください。

Google chrome は、

https://www.google.co.jp/chrome/browser/desktop/index.html

からダウンロードが可能です（紹介するサイトは現在 Google Chrome で動くようになっています）。

　まずは、ヘッドフォンのマイク端子をパソコンに接続してください。そして、Google Chrome の URL 検索欄に

https://www.google.co.jp/

と入力してください。すると、次のようなサイトに移ります。

そして、右下の設定 ⇒ 検索設定 ⇒ 言語 ⇒ English ⇒ 保存 ⇒ OK とクリックします。

　すると、日本語表記が英語表記に変わります。

　検索欄のマイクの部分をクリックすると、OK Google を有効にするというボタンが表示されますのでクリックします。

　この状態で、マイクとヘッドフォンをつけて、"OK Google" と話すと、以下の画面が出ますので、許可をクリックします。

　これで準備は完了です。

　あなたが英語で何かを話すと、認識されるようになります。

　では具体的に行なってみましょう。

先ほどの、https://www.google.co.jp/ のサイトの画面で、まず、"OK Google" と話しかけてください。これで、Google の検索エンジンが準備をすることができます。

"OK Google" と話しかけると Speak now（話して、今）と出てきますので、

試しに "Where should I go in Yokohama?"（横浜ではどこに行くべきですか?）と発音してみます。

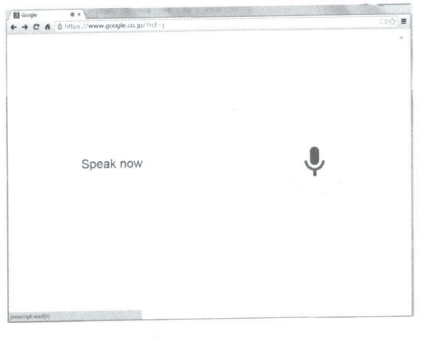

すると、検索窓に where should I go in Yokohama と出てきました。

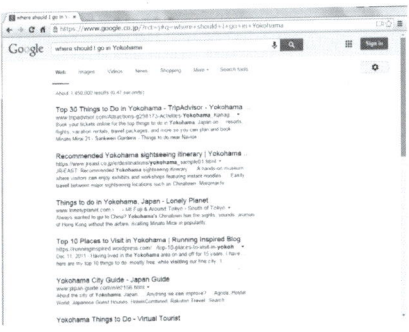

あなたもぜひ、試しに行なってみてください。あなたの発音が通じる発音であれば、検索窓に意図した英語フレーズが表示されると思います。

以上のツールを使って、独学であなたの発音が通じるかどうか試

すことができます。そして、もし言いたいフレーズがなかなか表示されないとすれば、どのように発音すれば通じるのか？を調べたり、ネイティブや英語の得意な人に教えてもらったりしてトレーニングするようにしましょう。

次は、逆に、あなたが知っている英語フレーズを、ネイティブはどのように発音するのかわからない場合や忘れてしまった場合に使える方法です。以下のようなサイトを使って調べることができます。

以下のサイトを利用してみましょう。**Google 翻訳**というサイトです。

https://translate.google.co.jp/?hl=ja

こちらの入力欄に、あなたが発音を聞きたい英語フレーズを入力します。試しに、先ほど **OK Google** で検索した "**Where should I go in Yokohama?**" で調べてみましょう。

まずは、聞きたい英文を入力します。そして、入力しましたら、入力欄の下にある「音声を聞く」ボタンをクリックします。すると、英語の発音をしてくれます。

音声読み上げソフトですので、完ぺきなネイティブ発音が聞けるわけではないかもしれませんが、性能は非常に高いのでオススメです。
(紹介サイトは 2015 年 7 月時点のものです。)

　尚、ネット環境が自分にはない、という方も大丈夫ですよ。私自身、ネット環境がなかった時は、ヘッドフォンを使って静聴し、手を使って口と耳をふさぎながら発音を確認する方法（p.82 のイラスト参照）を取っていました。こちらでかなり発音が改善されるはずです。ぜひ今日から行なってみてください。

　ただし、こうした発音の練習は 1 人でできて便利ですが、実際に英語を話す場を活用して人と英語をたくさん話すトレーニングもしてくださいね。そこで通じるものと通じないものがわかるようになると、より、どんな部分を練習する必要があるかが見えてくるようになります。

7 [第3章]英語が口から飛び出すことが可能になった方法
（実践方法3割・精神的な部分7割）

発音にこだわりすぎないこと。
相手に通じるかどうかが大切。

「英語を話す時に発音は大事ですよね？ だから、発音の練習を毎日しているのですが、英語が話せるようにならないんです。どうしたら良いですか？」

==前の項目で発音の大切さをお伝えしましたが、必ずしも英語発音が完ぺきにならなければ英語は話せるようにならない、ということではありません。==

==英語がペラペラ話せるようになっている人は、実はそれほど発音にはこだわっていません。実際に英語を話す中で、通じる発音というものがわかって、それを極めているのです。==

発音がきれい＝英語が通じる、のではありません。なぜなら、英語を話す人は世界中に何十億人もいます。いまや英語を母国語にしている人よりも、第二言語として話している人の方が多いのです。

ただし、私が言っているのは、発音を軽視しても良いということではありません。スピーキングにおいてまず第一に大事なのは発音です。これは間違いないです。しかし、こだわりすぎる必要はないということです。

ではどうすれば発音にこだわりすぎずに英語が通じるようになるのか？

私は今まで、インドネシア語、アラビア語、フランス語、イタリア語などを20〜90日という短期間で現地の人とコミュニケーションが取れるレベルにしてきました。そこで大事にしていたのは、ずばり発音です。

しかし、発音に特化して練習するのは短期間だけ。具体的にお伝えすると、1週間もないくらいです。発音は大雑把に言うと、もととなる音に似ているように発声でき、聞こえる状態にすれば良いだけ、ということになります。

私は新しい言語を学ぶ際に、第一に発音を重視しますが、実は、ネイティブレベルまでの完ぺきな発音には固執していません。

その理由は、英語が話せるようになるために、『英会話・ぜったい・音読』のCDに沿って可能な限り似せて発音するだけで、ネイティブにしっかりと通じるようになった経験があるからです。

私はこの経験を通して、もしかしたら、英語が通じるためには完ぺきな発音は必要ないのではないか？　むしろ極端かもしれないけれど、下手な発音でも相手に伝わったら、その通じた発音を大事にするべきなのではないか？　私は英語が話せるようになるにつれて、こう考えるようになりました。

実際、英語が話せるようになってから、ネイティブではない方々の英語を聞く機会が多くなると、映画に出てくる俳優さんのように英語の発音やイントネーションが完ぺきにできる人は非常に少ないことに気づいたのです。

私はずっと、英語を話す人は完ぺきな発音で話していると思っていましたが、このことに気づいた時、私は非常に気が楽になりました。

　そして子どもの頃からネイティブに育てられなければ英語は話せるようにならない、と勝手に思い込んでいたのですが、そんなことはないのかもしれない、と思うようになりました。

　この気づきは、その後の私の考え方に大きな影響を与えました。

「完ぺきな発音は必要ない。相手に通じるかどうか？が話せるかどうかの基準になるんだ」

　英語を話している中で、相手から、"I'm sorry?" や "Excuse me?"（すみません？）や "I don't understand."（わかりません）と言われた時は、相手が話す発音と私が話す発音が違うことが多かったため、正しく発音するにはどうすれば良いのか、相手に聞くことで自分の発音の弱い部分を学んでいきました。

　そして、通じることを1つ1つ増やしていくことで、話すことのほとんどが通じる発音になっていったのです。

　大事なことは、最初から完ぺきな発音やイントネーションを目指さないこと。大体8割を目指しましょう。自分の英語の発音が通じなければ、通じるように調節するという柔軟性を持つことの方が発音を完ぺきにすることよりもずっとずっと大切なのです。

ポイント
完ぺきな発音ではなく、通じる発音を目指す！

8 [第3章]英語が口から飛び出すことが可能になった方法
（実践方法3割・精神的な部分7割）

> 英語を話すトレーニングであごが筋肉痛に。すると不思議！ 英語を口ずさむようになっていた。

　『英会話・ぜったい・音読・入門編』に沿って、英語を毎日、口に出すことによって、英語を話すというトレーニングを初めて行ないました。

　従来の私の英語勉強と言えば、机の上に参考書を置いて、単語を黙々と書いたり、問題集を解いたりするだけでした。その中で英語を話す練習は全くしていませんでした。しかし今回、本の方法に沿って英語を口に出すトレーニングを開始したところ、トレーニングが終わる度にあごや舌が少し痛くなりました。英語を話すということは、あごや舌など、日本語を話す時とは違う筋肉をたくさん使うんだなぁと実感しました。

　口の周りが筋肉痛になって以降も英語を話す練習を続けていると、英語を話す練習に慣れていきました。さらに「話す」というトレーニングを続けることで、トレーニングをしていない時も、声に出していた英語が時々音として頭に浮かんでくることがありました。

　このように音として浮かんできた英語は少しずつ声に出してみたいという気持ちになり、誰もいないところや家の中で、英語を口ずさめるようになりました。

==今までは参考書や教科書を見ずに英語を話すなんてことはほとんどできなかったのですが、『英会話・ぜったい・音読・入門編』で英語を話すトレーニングを数週間したことで、参考書も見ず、CDも聞かずに、口から英語が少しずつ出てくるようになったことには正直驚きました。==

　もちろん長文でペラペラ話せたというわけではありません。しかし "Which do you like better?" であるとか、"Do you like traveling?" "It is now 7:10 in the morning." など、1文単位で短いものから少し長いものまで話せるようになってきました（いずれも参考書に載っていた表現です）。

　これまで、1000時間以上も英語の勉強をしてきたにもかかわらず、こんな現象は起きたことはありませんでした。しかし、たった数10時間のトレーニングで、英語がほとんど話せなかった私が確実に英語を話せるようになると思える兆しが見えてきたのです。

　グラパンが言っていたことはこれだったのか!? そう思いました。

　「英語を話すことを6年間してきたグラパンと、全く口を動かさずに机の上で勉強してきた私、差がついたのは当然だ」とすっと納得がいったのでした。

　たくさんの人が中学・高校で英語を学んでいます。その時間数は人によって違いますが、授業時間だけでも6年間で約700時間です。

　授業時間だけでもこれだけ勉強しているわけですから、私たちは英語の知識を相当持っているはずです。しかし、英語を声に出して話す練習をしていなければ、英語が口から突然出てくることはありません。

そのため、英語を話す練習をせずに何時間勉強したとしても、「英語が話せない」という苦手意識が芽生えてしまいます。

　机の上で学ぶ英語と話す英語は違います。

　まずは「苦手意識」を脇に置き、英語を話す練習を開始してみましょう。あごや口の周りが痛くなるほど言ってみましょう。声に出してトレーニングしていなかった時と比べると、はるかに英語が話せるようになる感覚を実感できるはずです。

　英語がペラペラに話せる人とそうでない人の違いは、どれだけ英語を口に出して練習したか？の差です。とにかく今日から、英語を口に出す練習をしましょう。

実践3割 😀

♡ 精神7割

9 [第3章]英語が口から飛び出すことが可能になった方法
（実践方法3割・精神的な部分7割）

学習方法の変更。
「知る」を「使う」に変えたら、突然話せるようになり始めた。

「英語が話せるようになるのではないか？」と体験的に理解できた私は、以前行なっていた勉強法と今回の学習法の違いについて考えてみました。すると、そこには確実に大きな違いがありました。

以前の勉強法は、常に新しい知識を得るための勉強法でした。だからこそ、すでに知っている英語には目もくれず、「これは英語で何と言うのか？」「この文法はどういうことなのか？」「この単語の意味は何か？」と未知のことにばかり注意がいって、事あるごとに新しい教材を探し求めていたのです。

その時の私が考えた、英語が話せない理由は、「まだまだ知らないことが多すぎるから」でした。だからこそ、より高度な文法・単語・構文の本を探し求めました。

ところがおかしなことに、いつまでたっても英語が話せるようにはならないという状態に陥っていました。

「英語を知ると話せるは全く違う」

このことがわからず、英語は一生話せないのではないか？と途方に暮れていたのです。

一方、今回の学習法は、英語を積極的に話すトレーニングに変わりました。使った教材は、中学 1,2 年レベルの『英会話・ぜったい・音読・入門編』でした。テキスト内の英単語や英文法はほとんど知っている状態だったため、「英語を知る」ではなく「英語を話す（使う）」ことにターゲットを変えることができました。

結果、英語が話せなかった私に劇的な変化が訪れます。足掛け 7 年も話せなかったのに、突然話せるようになり始めたのです。

まとめると、今までの英語勉強法は、

- テストや問題集のための勉強だった
- 覚えてもすぐに忘れてしまった
- 知ること、理解することに必死で話すことに注意が向いていなかった
- 勉強には参考書や教科書が不可欠で、それらなしでは何もできなかった

今回の英語学習法は、

- 英語を話せるようになるための学習だった
- 話すと記憶に残りやすいため、参考書や教科書がなくても英語が口から出てきた
- 忘れていた記憶がよみがえり、以前学んでいた英語なども思い出すことができた

このように、あきらかに英語を話す基盤が整う学習法に変わったのです。

英語が話せるようになるためには 3 段の階段を上らなくてはい

けません。それが、

> 第1段階 ＝ 知る（わかる）
> 第2段階 ＝ 話して（使って）みる
> 第3段階 ＝ 話せる（使える）ようになる

…です。

　英語が全く話せなかった私は、第1段階の「知る」ための勉強に終始していたために、第3段階の話せるレベルには行けなかったことがわかりました。

　もしあなたが今、英語が話せないとしたら、どの段階にいるでしょうか？　そして、どの段階に行きたいでしょうか？

　この第1段階から第3段階に早く行けるための英語学習法は『英会話・ぜったい・音読』シリーズ、『瞬間英作文』シリーズ（ベレ出版／森沢洋介）や『英語リプロダクション トレーニング』シリーズ（ディーエイチシー／小倉慶郎）などがオススメです。

💡 ポイント

英語が話せるようになるための3段の階段
　第1段階 ＝ 知る（わかる）
　第2段階 ＝ 話して（使って）みる
　第3段階 ＝ 話せる（使える）ようになる

10 [第3章]英語が口から飛び出すことが可能になった方法
（実践方法3割・精神的な部分7割）

少し話して通じる。
このことが英語をもっと話したくさせる。

　こうして私は、とにかく3カ月間、『英会話・ぜったい・音読・入門編』の本を使って集中して学習しました（集中して3カ月も学習が続いたのは初めてでした）。

　結果、トレーニングを始める前の私よりも、

- 英語が口から出やすくなった
- CDの音に合わせて練習しているので発音が良くなった
- CDの音に合わせた練習でイントネーションが良くなった

このような成果が表れました。

　この間にサークルに度々顔を出していたフランス人留学生Emmaとも学んだ英語を使って話す機会が増え、お酒が入っていなくても英語が通じる体験ができるようになりました。

　具体的には、『英会話・ぜったい・音読・入門編』の中には、"Enjoy your time in Australia."（オーストラリアであなたの時間を楽しんでください）、"Come on in."（さあ、入って）のような表現があったので、サークルの入り口でEmmaを見かけた時には、"Come on in."と言ってみたり、サークルを楽しんでね、と

いう意味で、"Enjoy your time." と言ってみたりしました。

==もちろん、まだまだ自分が言いたいと思う英語は話せませんでした。参考書の中に書いてある英語フレーズの中で Emma の前で使えそうな表現を探して話していただけでした。それでも、以前の自分の英語よりもずっと自信を持つことができるようになりました。==

英語を話して通じた、という喜びを感じると、「次はこんな英語が話せるようになりたい」と思うようになり、その英語をグラパンや学校の先生に聞くようになりました。

そして、新しく言いたい英語フレーズを学んだら、Emma に話しかけたり大学の授業で話したりと、知る ⇒ 話す（使ってみる）⇒ 話せる（使いこなす）、のステップを繰り返しました。

すると、さらに英語が通じるようになりました。

具体的には、「マジで？」という英語は "For real?" って言うんだよ、「もう1回言って」という英語は "Say it again?" って言うんだよ、とグラパンに教えてもらうと、それを Emma や大学の授業で使ったりしました。

大学の先生に使った時には、「Say it again? は友達などに使う表現なので、私には、Could you repeat it again?（繰り返していただけませんか？）と丁寧な表現を使いなさい」と怒られるなど貴重な体験もしました。

このように英語を話せば話すほど、通じる体験ができ、また新しい英語を学ぶ機会が増えました。そして、さらに英語が話したいという思いが強まり、新しい英語フレーズを学び、より積極的に英語

を話す練習をするようになりました。

　以前の私は、

- たくさんの英語フレーズ・英熟語・英語構文を覚えようとした
- 使わずにほとんど忘れた
- 実際に英語を話したい場で、英語が思い出せなかった

…と勉強の効果が全く表れず、悔しい気持ちが募るばかりでしたが、

今回の学習法によって私は、

- 1冊の参考書で英語を話すトレーニングをした
- 英語が通じるようになった
- もっと英語が話したいと思って、具体的な英語フレーズを探し始めた
- 知る ⇒ 話す ⇒ 話せる、のステップを繰り返した

…ことで、英語がみるみるうちに上達していきました。

そして、英語が必要最低限しか話せないため、

- 具体的に自分が何を話せるようになりたいのか？がわかり、
- 学んだ英語を使うことに集中でき、
- 学んだ英語を使って、自分が伝えたいことをどうしたら言うことができるか？

…をよく考えるようになりました。

　このことが後に、他の言語を日本にいながら最短で話せるようになった方法の基盤にもなっていきました。

11 [第3章] 英語が口から飛び出すことが可能になった方法 （実践方法3割・精神的な部分7割）

必要以上のことを覚える必要なし。
英語を使うことに集中しよう。

　知るだけの勉強では、英語は忘れやすくなります。

　知る ⇒ 話す ⇒ 話せる、に変えると体験で記憶するため忘れにくくなります。

　極端なことをお伝えすると、今、現時点で話したい英語以外は覚える必要はありません。今、集中すべきことは、まずは英語を話せるようにする基礎トレーニング（聞く ⇒ 話す ⇒ 話し慣れる）をすることです。

　この行為が板に付いてきたら、その都度あなたが話したい英語を学んで使いこなせるようにすれば、あなたが話したいことが効率良く話せるようになり、その方がずっと英語上達への近道になります。

　必要以上のことを覚える必要はない、というエピソードとして私の実際の体験談をご紹介します。これは私がカナダに留学した時に実際に起きたことです。

　それは、「英文法や英単語、英語発音が完ぺきにもかかわらず、カナダ人に通じない」という現象です。

　ある時私が、"I played with my friend yesterday."（昨日、

友達と遊んだんだ）と言った時に、カナダ人の先生に怪訝な顔をされたので、

"Is this phrase grammatically wrong?"（このフレーズ、文法的に間違っている？）と聞いたのです。すると、

"It's grammatically correct but we say 〈I hung out with my friend yesterday.〉"（それは文法的には正しいけど、私たちはこう言うんだよ）

※ネイティブは、小さい子ども同士で遊ぶことは play と言うそうですが、大人同士で遊ぶことは hang out と言うことを、この時学びました。

このように、カナダ人と話していた時に、発音や英文法、英単語は間違っていないにもかかわらず、私が今まで学んだ英語が通じないことが何度もありました。

また、和英辞典で引いてその英語を話しているのに通じないことも幾度となくありました。

私は辞書に載っているのだから、間違ってないでしょう？と少し憤りを感じてカナダ人に辞書を見せたのですが、

"I've never heard of that phrase."
（その言い方は聞いたことがない）
"I don't understand what this sentence means."
（この英文の言っている意味がわからない）

と毅然とした態度で言われてしまいました。

そして、私は悟りました。
「結局、彼らが生活で使わない英語は通じないのだ。それなら、最初から彼らが使っている英語を学んで話そう」と。

※和英辞典は、日本語 ⇒ 英語を知りたい時には非常に便利ですし、例文ももちろん使えるものがたくさんあります。このことで、私が和英辞典を完全否定するわけではありません。

ここから私は開き直ってこんな考え方に変わったのです。

「結局、今使わない英語の知識は覚えても忘れていくだけである。逆に、今話したい、覚えたい、学びたい英語を学んで話せるようにすることこそが英語を話せるようになるための最短距離。そして、その方法は究極のところ、ネイティブが話している英語を聞いて教えてもらうことが一番得な方法である」

さて、再度、英語が話せるようになるための学習方法を振り返っておきましょう。

あなたがまだ英語を声に出して練習する方法を実践していない場合は、フレーズや熟語、単語をたくさん覚える必要はありません。まずは英語を声に出して練習する方法を実践し、CDから流れてくる音声のイントネーションや強弱、発音をしっかりと真似して同じように声が出せるよう練習しましょう。先ほどオススメしたような、英語を話すトレーニングができる参考書を1冊購入して、それに沿って学習することがコツです。

そして、知る ⇒ 話す ⇒ 話せる、このステップを確実に踏んでください。話すトレーニングを習慣化するのです。

たくさんの難しい英語フレーズを知るよりもまず、知っているレベルの英語から声に出して、何も見なくても話せるようになるくらいまで話しこむ練習をした方がずっとずっと効率的です。

そして、普段から英語を声に出す癖がついたら、そこで初めて、

あなたが話したい英語を習得していく作業に移れば良いのです。

　また、十分に話せることが少ないからこそ、

- 学んだ英語の中で話せることだけを話すことに集中できる
- 話せる英語の中でどう言いかえたら言いたいことを伝えられるか？と英語の使い方を積極的に考えるようになる

…のです。これがまた、あなたのスピーキング力の向上につながります。

12 [第3章]英語が口から飛び出すことが可能になった方法
（実践方法3割・精神的な部分7割）

> 英語が話せるようになるための秘訣は使うこと。私が経営している英会話スクールでは、子どもたちの口からすっと英語が出てくる。

先ほど、英語を身につけるには順序があり、知る（わかる）⇒ 話して（使って）みる ⇒ 話せる（使える）ようになる、とお伝えしました。

私は横浜市でこども英会話学校を経営しています。2歳〜大人の方まで生徒さんがいるのですが、彼らに英語を教える時、注意していることがあります。

それは、この3段階のうち、知る ⇒ 話せるようになる、までの道のりをいかに短くして学んでいただくか？ということです。

具体的にお伝えすると、例えば教室に入る時に、子どもたちには必ずある言葉を言ってもらいます。それは "May I come in?"（入ってもいいですか？）という英語フレーズです。

入会して間もない頃の子どもたちに、この言葉を言って入るんだよ、と教えてあげると、最初の2,3回は覚えられず言えないこともありますが、4,5回もすれば自然とその英語を言って入ってきてくれるようになります。

知る ⇒ 話す ⇒ 話せる、の距離をいかに短くするか？

それには英語に行動を伴わせることが一番早いと考えつき、行動を伴わせることをたくさん工夫して教えることにしました。

　先ほどの例以外でも、"May I take my name tag?"（名札を取ってもいいですか？）というフレーズを言ってもらって、名札を取る行為に結びつける。トイレに行く時は "May I go to the restroom?"（トイレに行ってもいいですか？）と言ってもらう。こうすることによって、日常的に、「このパターンではこの英語フレーズを使う」という習慣が子どもたちの中でも出来上がってきます。

　このように、知る ⇒ 使う ⇒ 使える、この階段を速く上ることで、英語を無意識に使えるようになっていくのです。

- 遅刻した時は、"I'm sorry I'm late." と言って中に入ってもらう
- ペンを借りる時や返す機会を作って、"May I borrow your pen?" "Thank you for the pen." と言ってもらう
- 話しかける前には必ず "Excuse me." と言ってもらう

子どもたちは行動と英語が伴った場面をできるだけ多く体験し、それを習慣化することで、日本語を介さなくても英語が話せるようになってきているのです。

　これが実生活で使える英語力につながっていくと考えています。

　新しい英語を聞いて、使って、使いこなすまで、あなたはどれ位の時間がかかっているでしょうか？ 多くの英語学習者さんは、新しい英語表現やフレーズを知った後に復習をしないで、そのまま忘れていってしまっています。

実践3割 😊 ♡ 精神7割

学んだ英語をいつ声に出すのか？　使いこなすのか？　今日から行なっても遅くはありません。

　学んだ英語は、日常生活で口に出して、使いこなしていきましょう。

> **ポイント**
>
> 英語を話す、使いこなすためには、「知る」⇒「使う」⇒「使える」の階段をいかに速く上れるか、に着目しましょう。

13 [第3章] 英語が口から飛び出すことが可能になった方法
（実践方法3割・精神的な部分7割）

フランス人留学生と先輩とのダブルデートでリベンジを果たす。

　失意の桜木町デートから、『英会話・ぜったい・音読・入門編』を実践し始めて7カ月後、私は『TOEICテスト3ヵ月トレーニング350点編』（SSコミュニケーションズ／鹿野晴夫・千田潤一）を使い始めました。

　また、先ほどお伝えした『基礎英文法問題精講』の文法問題集1冊も相変わらず毎日10～15分程度勉強していました。

　1～2週間ほどして英語学習の習慣がつくと、後は、時が経つのが早く感じられました。3カ月続けられたと思ったら、気づくともう7カ月が過ぎようとしていたのです。

　それまでの参考書の遍歴ですが、
『英会話・ぜったい・音読・入門編』
⇒『英会話・ぜったい・音読・標準編』
⇒『TOEICテスト3ヵ月トレーニング350点編』の順番です。

　『英会話・ぜったい・音読』は挑戦編もあるのですが、そちらを実践しなかった理由は、内容が非常に難しかったので、くじけそうになったためです。その代わり、『TOEICテスト3ヵ月トレーニング350点編』を選んだ理由は、就職活動が近づいてきていたので

TOEICテストの点数を取ってみたかったこと、『英会話・ぜったい・音読』の著者の1人である千田潤一さんが監修されていて、こちらの本にもまた、英語を聞いて話すトレーニングが入っていたためです。

　また、私はその頃、カナダへの語学留学（ホームステイ）を考えていました。そのため、今回の英語学習で初めて英会話集を見つけて購入していました。今回もまた、「何が自分にとって必要なのか？本当に使いこなせるか？」を基準に慎重に本を選び、お金と時間を無駄にしないことに気をつけました。

　購入した本は
『CD付き ホームステイの直前英会話』（ナツメ社／桑原功次）です。

　そんなある日、サークルの先輩から「Emmaさんを誘って自衛隊のコンサートに行きたいんだけど、宗形、お前英語話せるから一緒に行ってくれる？」とのお誘いがかかりました。

　私にとって、願ってもない機会でした。もしかしたら、あの時のリベンジができるかもしれない、と考えたのです。

　先輩との約束の日まで、使えそうな英語フレーズを何度も練習しました。家で何度も独り言でぶつぶつつぶやきながら、Emmaと会話するイメージを高めました。

　約束の日。今回は横浜駅で待ち合わせでした。今回は、ワクワクな気持ちと、不安な気持ちが入り混じっていました。7カ月前よりは相当英語を話す練習はしていましたが、まだ不安が拭い切れませんでした。

先輩と先輩の彼女が最初に駅に登場し、最後にEmmaが駅に現れました。軽くあいさつをして、その後、電車で東京駅に向かいました。ドキドキは頂点に達していました。

　「私が懸命に練習してきた英語は通じるのだろうか？」という心配をよそに、電車の中では、ひたすら先輩が頼んできたことを通訳することになりました。

「今日は素敵なコンサートがあるんです、って言ってくれる？」
「はい。"Emma, there is a wonderful concert today."」

「楽しんでほしい、って言ってくれる？」
「はい。"Emma, we hope you will enjoy it."」

「昨日は何したのか聞いてくれる？」
「はい。"Emma, what did you do yesterday?"」

　先輩が、「宗形、お前、英語すごい上達してるな。全部訳せるのか？」と驚いた表情をしながら感心してくれました。そこで、「いいえ、今日Emmaに話したいなぁと思う英語フレーズをちょっと勉強してきただけなんです」と答えました。内心、今まで7カ月間、話すための練習をしてきた努力が報われた気がしました。

　<mark>毎日のように英語を口から出して練習していたせいか、電車の中以外も、移動中、英語が口からどんどん出てきました。もちろん、簡単な英語フレーズばかりでしたが。</mark>

　結果、先輩カップルがいてくれたおかげで場が盛り上がり、自衛隊のコンサートも最高でしたし、Emmaとのダブルデートは大成功に終わったのです。

ポイントのまとめ

- 教材を絞り、集中して学習する気持ちと習慣が大切。

- 新しい英語学習の前に、今までの英語本を整理しましょう。

- 信じた方法で3カ月、今までにないくらい本気でやってみる！その集中力が奇跡を起こす！

- 英語学習が進まない時は、
    1. 目標をはっきりさせてみる
    2. 本格的な学習の前に、学習の準備運動をする
    3. いつも決まったことをした後に学習に入る

- すでに習慣化できていることに英語学習をくっつけると、驚くほど簡単に習慣化することが可能になります。

- 完ぺきな発音ではなく、通じる発音を目指す！

- 英語が話せるようになるための3段の階段
    第一段階 = 知る（わかる）
    第二段階 = 話して（使って）みる
    第三段階 = 話せる（使える）ようになる

- 英語を話す、使いこなすためには、「知る」⇒「使う」⇒「使える」の階段をいかに速く上れるか、に着目しましょう。

第4章

さらに英語を話せるようにする方法
（実践方法5割・精神的な部分5割）

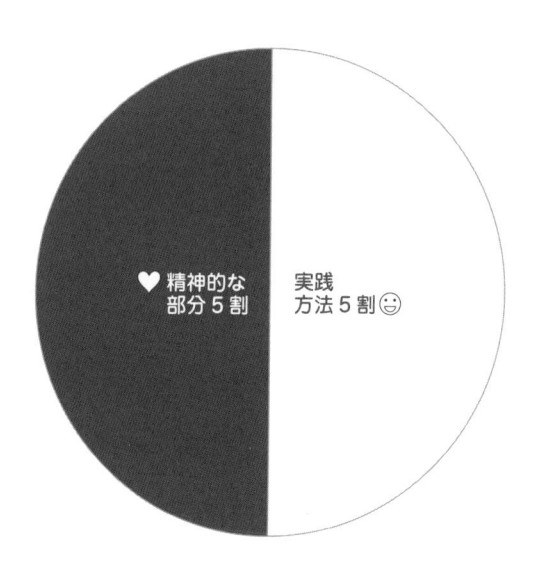

♥ 精神的な
部分5割

実践
方法5割 ☺

1 [第4章] さらに英語を話せるようにする方法
（実践方法5割・精神的な部分5割）

今日から英会話力を上げる方法。
その鍵は、日本語での会話にあった。

　Emmaへの通訳が大成功に終わり、私はさらに英語が話せるようになりたいと思うようになりました。そこで、グラパンと私を比べて何が違うのかを研究しました。そして、私はまたとてつもなく大きな違いを見つけました。

　その違いとは、「私とグラパンが1日に話している言葉の量の違い」でした。

　グラパンは大学で日本語・英語を問わず積極的に人に話しかけていましたが、私の場合はいつも相手から話しかけられることを待っていました。

　グラパンは1日に30人にも40人にも話しかけるため、とにかく多くの人と話しているのに対し、私の場合は、話しかけることがないので、1日に数人としか話をしていませんでした。

　つまり日本語での会話量が圧倒的に違うことに気づいたのです。

　ベストセラーになった『話を聞かない男、地図が読めない女』（文庫版／主婦の友社／アラン ピーズ・バーバラ ピーズ／ 2002年／ p.109 - 110）のアランピーズ氏によると、

> 　女は一日に平均六〇〇〇〜八〇〇〇語の単語を楽々としゃべり、さらに言葉にならない声や音を二〇〇〇〜三〇〇〇回、顔の表情や頭の動きといったボディランゲージも八〇〇〇〜一万回ほど出している。全部合わせると、一日平均二万回もコミュニケーションとしての「言葉」を発してメッセージを伝えているのだ。
>
> ・・・
>
> 　では男はどうだろう。単語は二〇〇〇〜四〇〇〇語、声は一〇〇〇〜二〇〇〇回、ボディランゲージはたったの二〇〇〇〜三〇〇〇回である。合わせてもコミュニケーション活動は七〇〇〇回で、女の三分の一強しかない。

…ということだそうです。

私の場合は、当時、男性のしゃべる平均単語数よりもさらに語数が少なかったように思います。これでは、英会話力が上がるわけがありません。私は日本語自体の会話量が少なかったのです。

会話量が少ないということは、つまり、

- 相手に適当な間合いで相槌をしたり質問したりする力
- 自分が言いたいことを言う力
- 相手から聞きたいことを聞く力
- 会話を続ける力

…などなど、会話力全てがグラパンに比べて劣っていたのです。

逆にグラパンを観察してみると、日本語・英語を併せて1日平均20000語以上は話していたと思います。そして、積極的に人と

コミュニケーションを取っていました。

　私の場合、日本語でも相手に問いかけることが少ないのですから、英語でそれができるわけがありません。

　前の項目で先輩の通訳をして大成功したとお伝えしましたが、実は先輩がいてくれたことが功を奏しました。先輩が「宗形、これを訳して」と積極的に言ってくれたからこそ、私も積極的に英語を話すことができたのです。もし、私1人でEmmaとデートしていたら、リベンジが大成功に終わっていたかは正直、自信がありません。

　実は、私がこのことに気づくのにはかなりの時間がかかりました。まさか、英会話力が伸びない理由が、私の日本語の会話量や会話力にあるなんて思いもしなかったからです。

　日本で英語がある程度話せるようにはなったのですが、どうしたらさらに英語が話せるようになるのか、その時の自分には正直わかりませんでした。私はその後カナダに留学します。

　ところが、カナダ留学の最初の3～4カ月は日本にいた時と英語力が全く変わらず苦労することになりました。

「私の母語である日本語の会話量が圧倒的に足りなかった」

　私はこのことを留学して改めて痛感することになりました。
　きっかけはこんなことでした。

　カナダ人の先生とマンツーマンレッスンをしていた時に、Emmaと桜木町デートをしていた時に味わった沈黙が度々訪れたのです。

「英語で会話したいことは全てしてしまった。あとはどうしたら良いのだろう？」

「英語は最低限話せるのに、どうして会話が続かないのだろう？」
「何か質問しないといけないのに、何を質問したら良いのかわからない」

　英会話力がいつまでも上がらなかったのは、英語の問題ではなく、実は私の会話力の問題だったのです。そのことに気づいてからは、普段の生活から口数を増やすように意識し始めました。すると、少しずつ英会話力が伸びていくようになりました。

　具体的には、誰かと会った時に、今までは話しかけられるのが普通でしたが、自分からあいさつをするようにしました。また、会話ではいつも相手が話してくれるのを待っていたのですが、自分からも話題を提供するようにしました。自分から話しかけるための言葉は、「この人、会話が上手だなぁ」と思った人が話している言葉を真似してみました。

　この心がけで、私の受け身で消極的な会話は、主体的で積極的な会話に変わりました。

　こう変化したことで、私自身の1日の会話量が多くなり、英語を話すこと自体が多くなりました。会話量が多くなったため、会話の中で学んだ英語もどんどん使うことになり、その英語は定着し、英語の上達スピードが一段と速くなりました。これは私にとって非常に大切な学びとなりました。

英会話力は日本語の会話力と関連する、ということだったのです。

　では今日から、日本語の会話量を増やすためにはどうすれば良いのでしょうか？　具体的な改善策をお伝えします。

　例えば、友達や家族に、「今日はどうだった？」と言われた時、

「別にぃ」で返していませんか？ その場合は、「別にぃ」ではなく、「今日はね、いつもと変わらなかったよ」と普段とは違う日本語で返すことから始めましょう。

そして次第に、「今日はね、ラッキーだったんだ。お昼を食べた中華屋さんでお金を落としたんだけど、人が拾って渡してくれたの」と今日あった出来事を具体的に言えるようにしていきます。

このように、少しずつで良いのであなたが普段話す日本語の量を増やしていくのです。実はこれが、英語の会話力向上に直結します。

「今日はどうだった？」と聞かれて「別にぃ」としか答えていない人は、"How was your day?" と聞かれても、"Nothing special." と答えるだけで終わってしまいます。ですが、日本語でも長く話せるトレーニングをしていると、"Today? Same as usual." という英語表現が参考書などで気になるようになり、その表現を学ぶようになるでしょうし、さらに、"I was lucky today. I dropped some money at a Chinese restaurant where I had lunch but someone picked it up and gave it to me." と英語でも言いたい気持ちになってきます（あとは、ネイティブにあなたが言いたい日本語をどのように英語で言えば良いのかを聞いたりして練習すると、このように言えるようになっていきます）。

さらに会話力を上げたいなら、「あなたはどうだったの？」と日本語で相手に質問してみましょう。相手に質問を投げかけるように習慣づけるのです。すると、英語でも "How about you?" と聞く癖が必ず出てきます。

あなたが以前の私のように、言葉を発するのが苦手な人であれば、

誰かに何かしてもらった時に「ありがとうございます」とお礼を言うことから始めましょう。

　そして、「ありがとうございます」が言えるようになったら、次は、「掃除してくださってありがとうございます」「助けてくれてありがとうございます」と具体的に何に対してのありがとうなのか、を伝えるようにすれば良いのです。すると、英語でも、"Thank you." が、"Thank you for cleaning." "Thank you for your help." と少しずつ長く言えるようになってくるのです。

　スタートは小さくて構いません。あなたが普段少ししか話せなくても、その少しの部分をちょっとだけ増やしていきましょう。その少しがやがて非常に大きな実力となって返ってくるようになります。少しずつでも1カ月、3カ月、6カ月、1年と続けていけば、あなたの英会話力も日本語の会話力も気づかないうちにみるみる上がっているに違いありません。

　日本語の会話の中で少しずつ情報量を増やしたり会話を膨らませたりすることによって、英会話でも「日本語で言っているこのフレーズって英語で何て言うのだろう？」という良い疑問が増えていき、「これを英語で言いたい」という気持ちが高まってくるでしょう。

　多くの人は英語を話したいと考えても、具体的にどんな英語を話したいの？と聞かれると答えに詰まってしまいます。それは日本語でも普段の会話が少ないから、という理由がほとんどなのです。

　日本語の会話力が上がれば上がるほど、英語でもこんなことを言いたいということが出てきます。英語で言いたいことがわかった時点で初めて、それを調べて言えるようにすれば良いのですね。

実践5割 😊
精神5割 ♡

2 [第4章]さらに英語を話せるようにする方法
（実践方法5割・精神的な部分5割）

普段話す日本語の量を増やせば、英語で"言いたいこと"も増えていく。

「英語が話せるようになりたいのですが、英語が話せるようになる方法を教えてくれませんか？」と聞かれた時に、「どんな英語が話せるようになりたいのですか？」と具体的にお聞きすると、「うーん。日常会話が話せるようになりたいです」と答える方がいます。

この時、日常会話とは非常に抽象的な表現なのですね。

日常会話であれば、英語日常会話表現集のように英語の日常会話が掲載されている本はたくさんあります。それこそ、何千もの英語フレーズが掲載されている本が何冊も出ています。

しかし、そういった英語フレーズをたくさん覚えて話せるようになることが目標でしょうか？ いいえ、違うと思います。

実は、「普段、日本語を使っている感覚で、英語を使いたい」と思っているのだと思うのです。

ではなぜ、日常会話の英語フレーズ本がたくさんあり、英語を話す練習をしながらも英語は話せるようにならないのでしょうか？

実はそこには、私たちの生活習慣が関連しています。

==つまり、私が前の項目でお伝えしたように、普段から日本語でも会話をしていない人が英語で会話をする力が極端につくことはないのです。==

例えば、「美味しい」＝ "It's delicious." と学んだとしましょう。しかし、日常生活の中で「美味しい」とあなたが言っていなければ、"It's delicious." と話す機会は極端に少ないでしょう。すると、学んでも結局話す機会がなかった ＝ 話せない、となってしまうのです。先ほどの、知る ⇒ 話す ⇒ 話せる、の知る段階でストップしてしまいます。

英会話力を上げるためには、普段から日本語の使い方をさらに磨くことが大事になるのです。そのため、今日からこのように日本語も使っていってみてはいかがでしょうか？

好きな人には「君に会うとうれしいなぁ」、旦那さんや奥さんには「今日の服、素敵だね」「美人だね」「ハンサムね」、食べ物を作ってくれた人、掃除をしてくれた人、運転してくれている人、何かをしてくれた人には「ありがとう」「美味しいなぁ」「助かります」、身近な人には「こんにちは。元気ですか？」、レストランでは「オススメは何ですか？」「これ何ですか？」「美味しいですね」、髪の毛を切った人には「素敵な髪形だね」

それ以外にも、ご飯を食べたら「美味しい」、天気が良かったら「気持ち良い」と感情表現をしてみる…などです。

日本語でも普段から相手に積極的に話しかける、自分の感情を言葉に出す。受け身で消極的な会話ではなく、あなた主導で積極的な会話をし、相手にもっともっと興味を持った話し方をしてみる。

すると、英語を話す練習をして話せるようになった時、日本語で話しかけている感覚で自然に話すことができるのです。独り言だって英語になるかもしれません。そして夢の中でも英語を話すことになるかもしれません。

　「君に会うとうれしいなぁ」とか、「今日の服、素敵だね」なんてキザすぎて言うのは恥ずかしい、と思ってしまうかもしれません。でも、言われた相手はうれしいですし、さらに言うと、英語ではそれが普通の文化なのです。

　人に興味を持ち、人をほめるという習慣は相手に喜んでもらえる最高のコミュニケーション法です。私が英語だけでなく他の言語でもたくさんの人々と仲良くなれた秘訣はここにあります。

　ぜひ、まずは日本語から始めましょう。1つずつできることを増やしていくことで、同じことが英語でもできるようになります。

ポイント

普段話す日本語の量をまずは増やそう。
これが英語の会話力向上に直結します。

ポイント

英語で"言いたいこと"を増やしていくコツは、人に興味を持ち、人をほめる習慣をつけること。

3 [第4章]さらに英語を話せるようにする方法
（実践方法5割・精神的な部分5割）

英語癖をつけると、英語を話す機会は何倍にも増える。

　グラパンからカフェで英語が話せるようになる方法を学んでから、少しずつ彼と仲良くなり、その日以降もグラパンから英語が上手くなる方法を教えてもらっていました。そして、少しずつ彼と一緒にいることが多くなり、あることに気づきました。

　それは、グラパンの変な癖でした。

　彼がある時、"Hold on a sec." と言ってきました。私は最初、もごもご日本語ではないことを言っているので、この人おかしいのではないか？と思いつつ、そのままにしていました。

　しかし、私を待たせる時に、グラパンはいつも "Hold on a sec." と言うのです。毎回そうだったので気になって聞いてみると、「"Hold on a sec." っていうのは〈ちょっと待って〉っていう英語だよ」と解説してくれたのでした。

　彼が普段から英語を話す癖はこれだけではありませんでした。

　例えば、何かあまり良くないことがあった時やくしゃみをする時は、いつも "Damn it!"（ちくしょー）と言ったり、「何だって？」と言うような時は、"What?" と言ってきたりと、ところどころ、

海外生活で無意識に話していた癖がそのまま出ていたようなのです。

　帰国子女であるグラパンは、もともとは日本人で、小学5年生までは日本語で生活していました。しかし、海外で過ごすようになり、英語を無意識に話す英語癖がだんだんついていったようなのです。

　このことに気づいた私は、「同じように普段から英語で話す癖をつけていけば、もっと英語が上達するのではないか？ このグラパンの英語癖を、もし私もつけられたら、すごいことになるのではないか？」と考えたのです。

　この英語癖もまた、抜群の効果を発揮しました。

　普段から事あるごとに英語で話す癖をつけるようにすることで、英語を話すことが当たり前になりました。いつでもどこでも英語を話すことになったため、普段話す英語の量を3倍4倍と増やすことができたのです。

　結果として、最初は意識して言っていた英語が何度も何度も繰り返し言っているうちに、無意識に言えるようになっていきました。

　具体的には、グラパンが待ってほしい時に "Hold on a sec." と言っていたように、待ってほしい時 ⇒ "Hold on a sec."、待ってほしい時 ⇒ "Hold on a sec." と、同じことをする度に何度も同じことを言う癖をつけることで、無意識にこの時はこの英語、というパターンで話せるようになり始めたのです。

　英語癖は1日でも早く始めるとその分早く癖がつきます。ぜひ今日から始めてみてください。

最初は自分に対して、一言 "How are you?"（元気？）と独り言を言うことから始めましょう。そして、食べ物を食べたら "So tasty."（とても美味しい）と言ったり、「ちょっと待って」と言う時に "Hold on a sec." と言ったり、わかった時に "I see." と言ってみましょう。

　始める時は、あなたが話せる英語から始めるだけで大丈夫です。一言からでも構いません。

　そして慣れてきたら、学んだ英語を少しずつ増やして言い慣れていきましょう。

　もし余裕が出てきたら、この独り言を1言、2言、3言と増やしていきます。そうして普段から "How are you?" の答えとして、2言、3言練習しておくと、"I'm good. Thanks. How about you?" のように、スラスラ答えられるようになります。

　また、相手に聞く表現も積極的に練習しましょう。会話ではあなたが質問を受けるだけではありません。相手に聞くことで会話は広がっていくのです。

> 💡 **ポイント**
>
> **普段から英語を話す"英語癖"をつけると、英語を話す機会は何倍にも増える。**

4 [第4章] さらに英語を話せるようにする方法
（実践方法5割・精神的な部分5割）

英語の独り言は野球の素振りや筋トレと同じ。やった分だけ上達する。

　前の項目でお伝えしたことを具体的に行動に移していきましょう。あなたのできるところから始めてください。

　もしご家族や恋人、友達と一緒に住んでいて、あなたの英語学習を応援してもらっている場合は、これから日常生活でも英語を話しながら覚えたいということを伝え、積極的に英語を使っていくことにしてください。

　例えば、「今日の夜ごはんは何？」と言いたい時に"What's for dinner?"と言ってみましょう（英語フレーズはあなたが学んだ英語、知っている英語を使ってください）。そしてもし同居されている人が英語に興味を持ったら、「"What's for dinner?"っていうのは英語では〈夕食は何？〉っていう意味になるんだよ」と教えてあげてください。教えてあげることで、あなたの頭の中に英語が残りやすくなります。

　もし同居している方にとって、あなたが英語を話しているのが苦痛であれば、あなたが1人でいる時に英語を話すようにしてください。

　以下は具体例ですが、まずはあなたが知っている英語フレーズ、学んだ英語フレーズから使い始めます。

具体例 ①

喉が渇いた（I'm thirsty.）、トイレに行きたい（I want to go to the restroom.）、今日は楽しかったなぁ（I had a good time today.）など、日常生活の行動と結び付けて話すことを習慣化してみましょう。

具体例 ②

テレビを見ている時に、美味しそうなものを見たら、"Looks delicious."（美味しそう）と言ってみたり、コメンテーターと同意見であれば、"I think so, too."（私もそう思っているんです）と言ってみます。

さらに、肯定文だけでなく疑問文も誰かに話しかけるつもりで、英語で話すようにしてみましょう。私も語学を使いこなすために、独り言を相当言って英語癖をつけていますよ。

具体例 ③

例えば、冷蔵庫を友達に見立てて、"How was your day?"（今日はどうだった？）と聞いてみます。テレビに向かって、"How's the weather?"（天気はどう？）と聞いてみましょう。

具体例 ④

慣れてきたら1文、2文と続けて言うようにしてみましょう。3文、4文と日常から話せるようにしておいたら、"How's the weather, TV? Is it sunny? Wow, let me look out the window. What a beautiful day, isn't it?"（天気はどう、テレビくん。晴れだって？ いいね、窓から見せて。すごく素敵な天気の

日だね？）などと言えるようになってきます。そうすれば、普段の英会話でも長く話せる癖がついてくるはずですよ。

　私は英語を話す力は筋肉に近いと思っています。最初は 1kg の重さを持ち上げるのもやっとだったのに、次第に 2kg, 5kg, 10kg と持ち上げられるようになるように、英語も最初は "I'm home." しか言えなかったのに、"I'm home. I had a lot of fun today." と 2 言が言えるようになり、"I'm home. I had a lot of fun today. I'll take a shower first. What's for dinner tonight?" のように 3 言、4 言と言えるようになっていきます。

　想像してみてください。あなたがこのように日常生活で英語を話す癖をつけておくことで、ネイティブの友達と話す時にも同じようにペラペラ英語を話している姿を。

　日常のトレーニングの成果が、実際の英会話の場で試されるのです。普段から練習していれば、英語は本番でもたくさん話せます。

　話す練習をすればするほど、あなたが使いこなせる英語フレーズの量が多くなります。そして、長く英語を話せそうになってきたら、1 言を 2 言、2 言を 3 言に少しずつ増やしながら英語を話す練習をしていきましょう。

　==独り言で英語を練習する方法は、英語が上達している人の誰もが行なっていることです。ちょうど野球選手が素振りをしているように、私たちも英語を上手に話すために、独り言は欠かせない素振りなのです。==

　私は、インドネシア語、アラビア語、フランス語、イタリア語などでも同じように学習しましたが、この方法を使って、現地のネイ

ティブと話す時に、テキストなどを見ずにスラスラと言葉が出てきました。また、質問に関しても、学んだことを中心に少しずつではありますが、その言語で理解できるようになりました。

　普段からのトレーニングによって、英語を英語のまま理解したり、瞬発的に英語を話すということは可能になるのです。

　こうした日常生活に根差した独り言ができるようになってくると、あなたの英語が板に付いてきます。英語を話すことが当たり前になってきます。

　当たり前に話せるようになったフレーズはいつの間にか意識せずに話せるようになります。この状態になったら、話したいことをさらに覚えて話していくという良い循環ができます。

　注意点としては、あなたの英語が通じる発音であるか？を時々確認することです。すでにお伝えしている方法を使って、手を口と耳にあててあなたの音とCDの音を照らし合わせてみてください。また、パソコンやインターネット環境がある方は、オンライン英会話やSiri、Google Chromeを利用した音声チェックサイトを使って、最初のうちはあなたの発音が通じるものかどうかを確認してください（通じる発音でなければ、独りよがりの会話となってしまうので、通じるような発音にして練習しましょう）。

ポイント

**独り言で英語トレーニング。
英語上級者はみんなやっています！**

5 [第4章]さらに英語を話せるようにする方法
（実践方法5割・精神的な部分5割）

私は洋楽を楽しみながらリスニング力とスピーキング力を劇的に上げた。

「英会話学校に通っていても、たくさんの人が同じクラスにいて英語が話せない」
「英語を日常から話す機会がない」
「ホストマザーと英語を話す機会がない」
「何より、英語が上手にならない」

　私がカナダにいる時、このように思っていた時期があります。いつまで経っても英語が上達しないままでした。高い留学費用を払ってまでカナダに来ているのに、英語力が思ったほど上がらなかったのです。

　私は焦りました。どうにかしなくてはと思いました。それまでの私は、留学したら英語は話せるようになるのだろうと安易に考えていました。しかし、そうではなかったのです。

　自分が動かなければ何も起こらない現実を私は少しずつ身をもって知り始めました。そして、変化はこんなところから始まりました。

　誰かが何かを変えてくれると思うことをやめたのです。そしてできることから始めることにしました（これはもちろん日本にいてもできる方法です）。

変化はいつも自分自身から。すると、起こってくる現象が変わってきます。

私がまずやり始めたのは、大好きな洋楽の歌1曲を何度も何度も練習して上手に歌えるようにしました。

コツとして、最初は簡単そうな歌を選びます。ゆっくりめなテンポの曲で、歌詞を読んでみても簡単そうな曲がオススメです。

私の場合は中学の英語の授業で使われていたThe BeatlesやCarpentersの曲が好きでいつも歌っていました。

The Beatlesの中でも〈Yesterday〉や〈Let It Be〉は非常に簡単に歌うことができたのでオススメです。そして徐々に歌詞が多い曲や速いテンポの曲（例えば〈Help〉のような少し高度になったもの）を歌って練習していました。

Carpentersですと最初は〈Sing〉という簡単な曲から、〈Top of the World〉や〈Rainy Days and Mondays〉へレベルを上げて、歌っていました。

そして、次第に歌い慣れてくるとさらに速いテンポの曲や流行りの曲も歌いたくなってきたので、〈Ja Rule ― Always on Time ft. Ashanti〉のような曲も歌い始めました。

曲を選ぶ時は、YouTubeを使いました。検索欄に［Billboard ＋ 年 ＋ 月］と入力すると、選んだ年と月の人気曲のトップ50が出てきますので、その中で自分が好きな曲を1曲選んでみましょう。

そして歌詞は、YahooやGoogleなどの検索エンジンで、［歌名 ＋ 歌手名 ＋ Lyrics（歌詞）］と入力するとたいてい出てきます

ので、その歌詞を使って覚えることができます。

　速いテンポで最新の曲は、歌おうとしても最初は全く上手く歌えなかったのですが、何度も何度も歌うことによって**8**割くらいは上手く歌えるようになりました。

==この**8**割というのがポイントで、最初から**100%**歌えることを目指してしまうと上手くいかないのですが、**8**割くらい上手く歌えた、と思って次の歌にいくと楽しいし続けたくなるので不思議です。==

　また、最初は真似して歌うのに比較的簡単な曲から始めたのも楽しく続けられた秘訣だと思います。簡単な曲でも上手に歌うことを心がけることによって、上手く歌うコツをつかむことができ、少しずつ難易度の高い曲へとステップアップできるようになりました。

　歌を上手く歌えるようになる成功体験をいくつか積むと、私の中で目指す難易度が急にエスカレートしました。

　実は、ある映画を観た後、私の無謀な挑戦が始まりました。この歌を仕上げるのに費やした時間、丸**5**日。私は食事と学校とトイレの時以外は部屋にこもって出てきませんでした。ホストマザーに「あなたはラッパーにでもなるの？」と言われたくらいです（笑）

　その歌は Eminem の〈Lose Yourself〉でした。

　『8 Mile』という映画を観て、Eminem が格好良いと思ってしまった私は、何とかしてこの曲を歌えるようにしたいと思い、何度も何度も何度も練習したのです。

　私にとって、この歌は非常に難しく、他の歌とは難易度のレベルが違っていました。何度言おうとしても口が追いつかずに言えない

こともしばしば。しかし、何度も何度も何度も練習して、ついに8割近く歌えるようになりました。

そして、歌詞にはスラングや意味のわからない表現がたくさんあったので、ネイティブの先生にその意味を聞いてみました。すると衝撃的なことがわかりました。

「ちょっとその意味はわからないな。おそらくこういう意味かもしれない」

なんと、「ネイティブの先生もわからない意味がある」と言うのです。そして、「Satoshiはこの曲を歌えるようにしてるのか？ 俺には絶対無理だよ」とネイティブにもかかわらずEminemの曲は歌えないと言ったのです。

その当時の私にとって、このことは非常に衝撃的でした。

- ネイティブの先生もわからない言葉や表現がある
- ネイティブの先生が歌えない歌を私が歌えるようになっていた

ここから私自身の英語力に対する自信が急にふつふつと湧いてきました。

また、洋楽の歌詞を調べてみると文法的に正しくないフレーズもたくさんありました。

例えば〈Lose Yourself〉の中にある "It don't matter."、本来は "It doesn't matter." となるべきであるなど。

「なぁんだ。ネイティブもたくさん文法を間違えるんだ。それなら私だって間違えて話したって良いよね」と気分が楽になりました。

そして、この驚きの出来事以降、さらに驚くべき変化が起こっていきました。

それは、Eminem の〈Lose Yourself〉で話されている英語のスピードに慣れた私には、ネイティブの先生が教えてくれる英語のスピードがゆっくり聞こえるようになったのです。

ネイティブの先生の英語がより聞きとりやすくなり、難しい英語や長い英語でも聞きとれるようになりました。家では、テレビ番組などで話されている英語も以前よりもずっと聞きとれるようになっていました。また、街に出かけた時にネイティブ同士が話している英語が急に耳に入ってきて、理解できるようになり始めました。

どうやら、この5日間の自宅合宿で果てしなく難しい歌の練習をこなすことによって、私のリスニング力が劇的に上がったようなのです。

私にとって歌を真似して練習することは終始楽しかっただけなのですが、こんなにも英語力が劇的に上がるとは、私は世紀の大発見をした気分になりました。

洋楽の大好きな歌を歌って練習することによって、リンキングと呼ばれる音と音がつながる現象を自然に真似することができるようになりました。上手に歌を歌うためには、文字に書かれていることをそのまま歌っていてはだめで、音が欠落するものや音がつながるものなどを、ありのままに再現しなくてはいけなかったためです。また、イントネーションや発音も鍛えられました。

そして何より、英語を口に出すことが増えたため、スピーキング力がより一層つきました。特にサビで使われている英語フレーズは、

口ずさむように英語が出てくるようになったのが面白かったです。

　自宅合宿でトコトン歌を真似する。それには一石二鳥よりずっとずっとお得な効果が感じられたのでした。

　この方法もまた、日本で今日から行なえる方法です。好きな洋楽の中から、最初は簡単な歌から始めてみましょう。少しずつレベルアップした歌を選びながら、カラオケなどでも練習して自分の特技にしてしまいましょう。

　もしインターネット環境がない場合は、無料視聴ができるCD屋さんへ行き、好きな曲や歌いやすい曲を選んで、歌詞がついているCDを購入すれば同じことができますので、ぜひ行なってみてください。個人的には最初はThe BeatlesやCarpentersなどがオススメです。中古品などを扱うお店でもCDを売っていたりすると思いますので覗いてみてください。

ポイント

変化はいつも自分から。誰かが何かを変えてくれると思うことをやめてみよう。

ポイント

好きな洋楽を楽しみながら練習することで、リスニング力、イントネーションや発音が劇的に鍛えられた。

6 [第4章] さらに英語を話せるようにする方法
（実践方法5割・精神的な部分5割）

> 情報は鮮度が大事。
> 英語上達法を教わってからどのくらい速く
> 実践するかが大切。

　私は今までたくさんのカナダ人に日本語を教え、日本人に英語を教えてきて、さらに今は子どもたちに中学校の教科を教えています。

　そんな中、教わってできるようになるのが速い人とそうでない人の違いが徐々にわかるようになってきました。

　それは、「**何か良い情報を聞いたらすぐ実践する人は、驚くほどのスピードで伸びる**」ということです。

　例えば、本書の中では

- 英語が上手な人に学び方を聞く
- 英語本の整理をする
- 英語を話すトレーニングを開始する
- ヘッドフォンをつけてリスニングのトレーニングをした方が良い
- 英語学習の習慣化をする
- トイレでの学習習慣をつける
- 日本語の会話から積極的に話すようにする
- 英語癖をつける
- 英語の歌で練習する

　…など、英語を話せるようになるための様々な方法をお伝えして

きました。こうしたことを1つでもこの項目を読む前に実践した人は、今日からでも英語の実力が伸び始めます。

このくらい、実践スピードが速い人は、学ぶのが速いため、英語を話せるようになるスピードも速くなるのです。

実は、情報は果物と同じくらい鮮度が大切です。

果物はそのまましばらく置いておくと腐って食べられなくなるように、私たちも良い情報をそのまま放っておくと、取り入れようとしなくなるものなのです。

情報を取り入れたら、良いと思った瞬間から取り組む。この習慣がつけば、今の何倍もの速度で、あなたの英語力は伸びていきます。

具体的には、ヘッドフォンをつけてリスニングをした方がより発音が上手になる、と言われたその日から、ヘッドフォンを購入して勉強します。良いことを聞いたらすぐ実践です。

情報は新鮮さが命である、良いことを聞いたら即実践、ということを念頭において行動しましょう。必ずあなたに良い成果が表れるでしょう。

> 💡 **ポイント**
>
> **良い情報を聞いたらすぐ実践する人は、驚くほどのスピードで伸びる。**

7 [第4章]さらに英語を話せるようにする方法
（実践方法5割・精神的な部分5割）

> 一気にしなくて大丈夫。
> できることを1～3つずつ実践していけば良い。

　本書には、あなたの英語力を今日から上げるための具体的な方法をいくつも書かせていただいています。

　しかし、たくさん書いてあると何をしたら良いのか迷ってしまいますよね？

　私もたくさん方法があると迷ってしまいます。そんな時は、まずは1～3つだけに限定し、実践するようにしています。そして、それらが上手くできて、身についたと思ったら次のことをしましょう。

　身についたというのは、意識しなくてもできるようになった状態だと考えてください。

　ではどのようにしていくと上手くいくのか？ 具体例をあげてお伝えします。

　私は数々の本がベストセラーで、高額納税者でも有名な斎藤一人さんの教えが大好きで、彼が「〇〇をすると良いよ」と教えてくれたことはできる限り行なおうとしています。

　彼が言っていることで、私は次のことが大事だと思いました。

- ツイてると言うこと
- 顔にツヤを出すこと
- 笑顔でいること
- 服装を明るくすること
- 目の前の人に一生懸命になること
- 情熱を持って仕事をすること

…などです。

しかし、たくさんありすぎるとできないと思ったので、まずはツイてると言うこと、顔にツヤを出すことの2つだけを実践しました。

毎日毎日、事あるごとにツイてると言って、顔にツヤが出るように顔のケアをしていました。すると、1カ月した時に普段の会話から、ツイてるという言葉が無意識に出てくるようになりました。さらに、今まで顔なんて朝洗顔するだけで終わっていたのに、鏡をよく見るようになり、化粧水やクリームを塗るようになったのです。

このようにある程度上手くできるようになって習慣づいてきたら、次は服装を明るくすること、笑顔のままいること、のようにさらに実践することを上乗せしていったのです。

このようにすると、1つ1つの教えが上手にできるようになり、とても上手くいっています。おかげさまで、彼の教えを1つ1つ実践する度にたくさんの良いことが起きています。

私が本書でお伝えしたことの中で、あなたにとって腑に落ちてその通りだと思った方法があったら、その中の1～3つを実践してみてください。

例えば、

- 普段の日本語を積極的に話すようにする。具体的には、「ありがとう」と言えていなかったので、何かにつけて「ありがとう」と言うようにする
- 初対面の人と話すのが得意ではないので、店員さんをはじめ、積極的に話しかけるようにする
- 英語を話すトレーニングをしていなかったので英語を話すトレーニングをし始める

…のような具合です。

そして只今実践中の部分には付箋などをつけておくと良いです。実践方法などを忘れてしまった時、すぐに振り返ることができます。さらに、もう習慣がついたと思ったら、習慣がついたことに関しては本の目次や項目に○を書きこみましょう。そして次に習慣化したい部分に付箋をつけていきましょう。

==よく、本は1回読んだらもう読まないという人がいますが（昔の私です）、何度も何度も同じ1冊を、できるまで使いこなすというスタンスの方が、こと語学に関して言うと、成功につながります。==

例えば、先にご紹介した文法書ですが、私は同じ部分の問題を20回以上は解いています。語学関係の本ですと最低でも3回は読み実践しています。

1冊の本をどれだけ実践し尽くせるか？ それがあなたの英語人生を劇的に変えると言っても過言ではありません。

本は読んだだけだと実践を伴わないため、あなたの人生に何も変

化が起こらないかもしれません。これではあなたに本を読んでいただいた時間や本を購入していただいたお金がもったいないですね。

でも、本書にある良いと思われたことを1つずつでも実践すると、あなたの人生に変化が起きてきます。すると読んだ時間やかけていただいたお金以上の価値が生まれると思っています。

ぜひ、本書の中でこれは実践したいと思われる部分があればどんどん実践して、身についたと思ったら実践方法の目次や項目に○をつけてくださいね。

> **ポイント**
>
> できることを1〜3つずつ実践しよう。

ポイントのまとめ

- 普段話す日本語の量をまずは増やそう。これが英語の会話力向上に直結します。

- 英語で"言いたいこと"を増やしていくコツは、人に興味を持ち、人をほめる習慣をつけること。

- 普段から英語を話す"英語癖"をつけると、英語を話す機会は何倍にも増える。

- 独り言で英語トレーニング。
  英語上級者はみんなやっています!

- 変化はいつも自分から。誰かが何かを変えてくれると思うことをやめてみよう。

- 好きな洋楽を楽しみながら練習することで、リスニング力、イントネーションや発音が劇的に鍛えられた。

- 良い情報を聞いたらすぐ実践する人は、驚くほどのスピードで伸びる。

- できることを1～3つずつ実践しよう。

第5章

プライベートレッスンで英語力を上げる方法
(実践方法7割・精神的な部分3割)

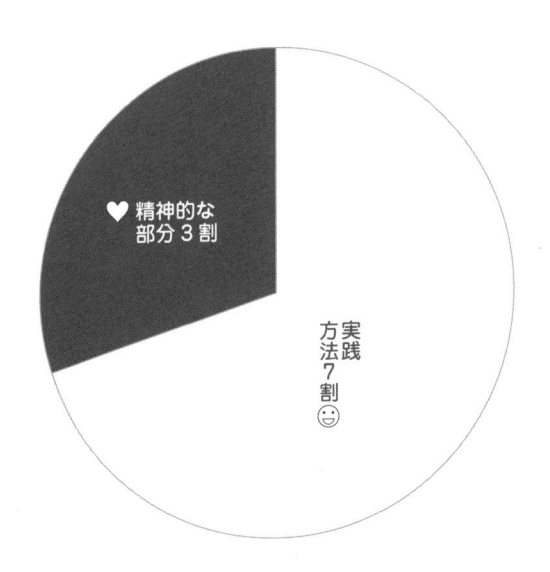

♥ 精神的な部分3割

実践方法7割 ☺

1 [第5章]プライベートレッスンで英語力を上げる方法
（実践方法7割・精神的な部分3割）

> 外国人の恋人を作れば英語が話せるようになる？ いいえ、そうとはかぎりません。恋人を作れなかった私がとった方法とは？

　英語が上手になるためには、外国人の恋人を作るのが良いと言われることがあります。かく言う私も、カナダ留学に行った時、恋人を作るように帰国子女の友人から勧められました。

　しかし、私のように引っ込み思案な人には、その方法は難しいというのが正直なところです。私はカナダ人の彼女を作ることはできませんでした。

　また、3カ月や6カ月の短期留学生や日本にいながら英語を勉強している人にとっては、この方法は実現が難しいと感じる方も多いでしょう。

　そして、お付き合いするのは縁ですので、英語が上手になるために付き合うというより、英語が上手になるかどうかは別にしておくのが無難かもしれません。

　私はカナダ人とお付き合いしていたり結婚している友人が多くいたので、その彼らから検証していきます。ただ、経験がない人間があまりでしゃばることも良くないと思いますので、私の私見ということで読んでみてください。

もちろん、恋人を作ることによって、英語を話す回数は増え、自分が話したい英語フレーズもたくさん教えてもらうために、最初の数カ月の英語力はどんどん上がります。また、恋の力でしょうか、相手が言っていることをより深く知りたいと思うため、勉強時間も延びるようですので、非常に充実した期間を過ごせるのは間違いありません。

　しかし、ある程度の伸びが期待できたあとは自分次第です。

　例えばですが、毎日決まったセリフばかりを話すようになると、英語力はそこから伸び悩みます。

　最初のうちは、「これ、何て言うんだろう？」と興味を持って相手に聞く回数が多く、また好きな相手に伝わるように英語を練習したいと思うため、おのずと英語を話したり練習したり勉強したりする時間が増え、英語がより話せるようになります。

　しかしそのうち、相手がいつも隣にいるからという安心感が生じてきます。そのため「これ、何て言うんだろう？」と思っても、聞くだけでメモしないということが起こったりして、英語の実力はそれ以上に上がらないことも多いのです。

　また、通じる英語だけで話せば良いと思って、簡単な英語だけを話しているという事態になることも多々あるようです。

　私の総括としては、外国人の恋人を持つことで確かに英語を日常的に話す機会が持てますし、英語を教えてもらえる機会にはなりますが、ある程度のレベルを超えたら、英語を伸ばすも伸ばせないもその人次第である、ということになります。恋人を作るのは英語上達のためではなくて、単に良いきっかけであるにすぎないと割り切

る方が健全だと思います。

　では、カナダ人の恋人を作れなかった私が取った方法は何か？ 私は恋人を作る以外の方法を探すために、手始めに今の環境下でできることを考えました。

　まず、語学学校に通っていたので、先生が話している言葉の特徴をとらえる練習をしました。例えば、先生は必ずこのように言う癖がある、というパターンを研究し始めました。

　すると、先生によって、いつも必ず言うフレーズというものがあることに気づきました。そこで、その英語を真似してみるようにしたのです。

　例えば"How are you?"（元気？）という簡単なフレーズでも、先生によっては"How r ya?"のように聞く先生がいることがわかり、真似してみたりしました。

　このように、自分に無理がなく、できるところから始めました。

　また、一緒に語学学校に通っているクラスメートからも英語を学ぶようにしました。その当時、同じクラスの中で1番上手に英語を話していた留学生は、必ず1時間に3回は、"even though"の構文を使っていることがわかって、その"even though"の使い方を友達や先生に聞いて、使いこなせるように練習したりしました。

　さらに語学学校以外でも、英語を学ぶ場所を探し始めました。まず私が行なったのは、ボランティアです。SPCAという捨てられた犬や猫を保護しているボランティアに興味があって、そのボランティアを始めることにしました。

説明会を聞きに行った時は、ドッキドキでした。現地の人しかいないなか、私1人、日本人が座っていました。どこか場違いな雰囲気を感じつつ、当然ナチュラルで速いスピードの英語で説明会が行なわれて、説明はほとんど聞きとれないまま終わりました。

　しかし、活動内容の部分などは英語のパンフレットが配られたので家でじっくりと見ることができ、次の週から週に1,2回、ボランティアに行くことになりました。

　当初、私の狙いとしては、現地のカナダ人と英語で触れ合うことで英語を身につけようと考えたのですが、その狙いは見事に大外れでした。

　私の担当は捨てられて保護された犬の散歩だったのですが、犬の散歩に来るボランティアの数は非常に少なく、私が行く時間帯に他のボランティアがいたことは稀でした。また、散歩に出ないといけないので、たまに出会う人とも簡単なあいさつ程度しか話せません。よって、友達になる人も機会もなかったのです。

　次に私はダンス教室に通うことにしました。ダンスを通してであれば、友達が作りやすいのではないか？と考えたのです。しかし、これまた安易な考えでした。

　Hip-Hopダンスの教室に通ったのですが、周りはみんな現地の14,5歳の若者たち。私だけ20歳で浮いた存在でした。それに、英語があまり話せない私に彼らが興味を持つことはなく、全12回通ったのですが、英語を話した回数は先生と受付の人との数回のみ。これまた失敗に終わりました。

　これではダメだ、と思って、私はある時バス停で途方に暮れてい

ました。「どうしたらナチュラルな英語って身につくのだろう。そしてもっと英語が話せるのだろう」

そこにたまたま2人の美人な女の子たちが同じバス停でバスを待っていました。どうやら現地のカナダ人姉妹のようで、日常のことを英語で話していました。

「こういう2人と知り合いになるにはどうしたら良いのかなぁ？」とどこか現実離れした空想をした瞬間、こんな日本語が聞こえてきました。

「あそこのVirgin で Avril Lavigne の CD 聴いた？ 超良くない？」「うん、So great! だよね。Oh, by the way, did you try Death by Chocolate ice cream?」「Yeah. It's so nice and crazy. I love it... まじ美味しいよね」

英語で書いた部分はあきらかにネイティブの発音なのですが、日本語を話しているのです。あれっ、バス停にはさっきの姉妹と私しかいないはずなのに、どうして日本語を話しているのだろう？

ここで、私は不思議に思い、先ほどの姉妹の方を向いたところ、実は彼女たちは、英語と日本語を混ぜて話していたのです。

えっ、外見はあきらかにカナダ人なのに、日本語も流暢だし英語も流暢。どうしてだろう？ そう気になった私は、思い切って声をかけてみたのです。

すると、彼女たちはお父さんがアメリカ人でお母さんが日本人、今はお父さんの仕事の都合でカナダにいるけれど、日本にも長く住んでいたとのこと。

もしかしたら、彼女たちと友達になれたら、英語だけじゃなくて世界が広がるのではないか？　そんな淡い思いを抱き、電話番号と名前を渡したのですが…結果は一度も電話がかかってくることはありませんでした。

　<mark>淡い期待に心が躍ったのですが、そんな夢のようなことが起こることはありません。地道に、自分にできることは何か？考えました。</mark>

　常に、一寸先は光と信じて次の方法を探し、現地で発行されている日本人留学生向けの新聞を読んでいました。すると、こんな広告を見つけたのです。

「1週間に1度、カナダ人大学生が英語のレッスンを無料で行ないます」

　そして、このレッスンが、私の英語力をさらに上達させるためのきっかけになったのでした。

実践7割 😀

♥ 精神3割

💡 ポイント

常に、一寸先は光と信じて改善を続けること。そして、無理せずできそうなことから始めること。

> **2** [第5章]プライベートレッスンで英語力を上げる方法
> （実践方法7割・精神的な部分3割）

> オススメ！「推敲トレーニング」。1つめのクラスで学んだことを2つめのクラスで話すようにすると、さらに英語が上手になる。

　新聞広告で「1週間に1度、カナダ人大学生が英語のレッスンを無料で行ないます」という記事を見つけ、無料レッスンのことを知った私は、早速レッスンを受けに行ってみました。

　先生はカナダ人で現役大学生。ボランティアで教えてくれているということでした。

　授業が始まると先生は1枚のプリントを渡し、テーマに関連する様々な英語表現を教えてくれました。ある時は、ハロウィン、クリスマス、といったイベントから、ある時は今起こっているニュースを取り上げてくれました。

　私はそのレッスンが無料ということで全く期待していなかったのですが、そのことが良かったのか、授業はとても良いものでした。

　実は、当時通っていた語学学校のクラスのレベルがあまりに高く、行き詰まっていたのです。しかし、こちらの無料クラスではほとんどが初心者レベルの学習者さんだったので、そんな私が一番発言をすることができました。

　これが私の英語のレベルをさらに押し上げてくれる自信にもつな

がりました。先生は他の学習者さんに質問をしても答えが返ってこないため、いつも私に質問するようになりました。

語学学校のクラスでは一番の落ちこぼれ生徒だった私が、こちらの無料レッスンでは一番の優秀な生徒になることができたのです。

語学学校で失っていた自分の英語に対する自信が、次第に取り戻せるようになってきたのがわかりました。自信がついて心に余裕が生まれてきた私は、この無料レッスンをさらに活かす方法を考えました。

語学学校で学んだ英語フレーズを無料レッスンの時に使って、無料レッスンの時に学んだ英語フレーズを語学学校で使えば良いのではないか？という方法です。

この方法は非常に有効でした。

例えば、語学学校で "Could you tell me what this sentence means?"（このセンテンスの意味が何か教えてもらえますか？）という表現を学んだ後、無料レッスンの時も "Could you tell me what this sentence means?" の表現を使うことによって、学んだ英語をすぐに使えるという良い循環ができるようになりました。つまり、知る ⇒ 使う ⇒ 使える、の階段を速く上れるようになったのです。

すると、不思議なことが起こりました。

今まで、語学学校のレベルの高いクラスで一番の劣等生だった私が、クラスの中で中くらいに発言できるようになり、時が経つにつれて、一番英語が話せるようになっていったのです。

これには驚きました。

==自分の実力よりも少しレベルが低いクラスと高いクラスを利用して英語を学ぶ2段階学習法を使うことによって、低いクラスでは自分の実力に自信がつき、高いクラスでは謙虚さを学びます。さらに英語を話せる場所を2つ設けることで、1つのクラスにいるよりも英語をより多く話すという良い循環ができました。==

例えばあいさつでも自己紹介でも、1つのニュースについてでも、2回以上は同じ話題を繰り返し話すことができました。

このように文章を推敲するがごとく、自分が話す言葉についても推敲できたために、私の英語力がより一層伸びたのでした。これを「推敲トレーニング」と呼ばせてください。

この「2段階学習法」および「推敲トレーニング」はあなたの英語に自信を与え、かつ話す機会が増えてより話せるようになるのでオススメです。

私の場合は、語学学校と無料レッスンという英語を学び話す場所を2つ設けたことによって、自転車が動き出すがごとく、私の英語の車輪が上手く動き出しました。

そして、これは上手くいくと確信し、もっと英語を話せる機会を設ければもっと英語が話せるようになると考えて、新たに英会話クラブへ通い出すことにしました（無料レッスンはカナダ人の先生が忙しくなったため打ち切りになったからでした）。

予想通り、この方法は上手くいきました。午前中は語学学校、午後はその英会話クラブに行くことで、さらに英語が話せるようになったのです。

この方法は私がカナダで行なった方法ですが、カナダだけではなく他の英語圏でも、さらには日本でも行なえる方法です。

もしあなたが1つの英会話学校だけに通っている、もしくは英会話学校に通っていないことで英語が話せないという悩みを抱えていたら、私のように、英語を学ぶ場所・先生を2つもしくは2人以上にしてみてください。今はオンライン英会話など、家にいながら英語を話せる環境も整っているため、こういった環境は作りやすいと思います。

また、あなたが海外に住んでいる方でしたら、語学学校とプライベートレッスンという形をとってみてください。無料レッスンなどをしている留学エージェントを探してみるのもオススメです。

環境ができたら、次は戦略です。あなたはレッスンの中でなるべく同じ話題を話すようにしましょう。その話題を違う先生や違う場所でもう一度話すようにしてください。例えば、最初は天気の話題から始めて、今日起きたことを話すなど、話す順番をあらかじめ決めておくのです。

必ず1回目に話す時よりも2回目に話す時の方が上手になっていると思います。そして、最初に上手く言えなかったことを先生に聞いて、練習してください。そして練習した後に、次の先生もしくは次の英会話学校の場所で学んだこと（練習したこと）を話すようにすると、さらに上手に会話ができてきます。これを続けることで、ある分野やある物事に対して、2回以上同じことを話すことになります。そのため、今までよりもずっと英語が上達するはずです。

特に天気の話題や今日起きた出来事などは毎回のように話すよう

にすると、非常にスムーズに話せるようになっていきます。

　注意点として、学んだ英語を話す時は、あまり期間を空けないことです。できれば 1 日の間に 2 回同じ話題が話せると良いです。期間を空けすぎてしまうと、何を学んだのか忘れてしまうため、非効率になってしまいますから。

　それでは実践してみます。例えば、あいさつを例にとりましょう。

　あなたが先生 A と先生 B に学んでいるとします。先生 A に、"Hello." としか言えなかったとします。それ以降の話題をどうつなげたら良いかわかりません。

　そこで、先生 A が、"How was your day?"（今日はどうでしたか？）と聞いてくれました。しかし、あなたは答え方がわからないとします。そこで、先生 A が "Good?" と聞いてきたとします。そこで、"Good." と答えました。

　同じ日に、先生 B のレッスンが始まりました。同じように、"Hello." と言います。今回は先生 A からその後の話題のつなげ方を学びましたね。そこで、"How was your day?" とあなたの方から聞いてみましょう。

　すると、先生が "Good. Same as usual." と答えてくれて、"How about you?"（あなたはどうですか？）と聞いてきました。そうしたら、あなたは先ほど学んだ "Good." か、先生 B が言った "Good. Same as usual." と言いましょう（もし "Same as usual." の意味がわからなければ、先生に聞くことで、より理解が深まると思います）。

この先生 A と先生 B の 2 回のレッスンから、あなたは "How was your day?" と聞けるようになり、かつ、その答え方も身につけることができました。

　このようにして、2 人以上の先生や場所を使いながら、学んだことを即実践・使っていくことで、英語は今日、明日と確実に伸びていきます。

　ポイントは 2 人以上の先生もしくは 2 つ以上の場所で英語を学び、話すことです。そして片方で学んだことをもう片方で使うことにより、通常よりも 2 倍以上英語を話し、上手になっていけるのです。

　学んだことをすぐに使えるようにすることが、英語スピーキングの極意です。ぜひ、これをマスターしてください。

💡 ポイント

2 人以上の先生、もしくは 2 つ以上の場所で英語を学び話すことで、2 倍以上の成果が出ます。

3 [第5章]プライベートレッスンで英語力を上げる方法
（実践方法7割・精神的な部分3割）

> あなたの英語力を飛躍的に伸ばすマンツーマンレッスン。その活かし方は、あなた主導で授業をコントロールすること。

　この方法は、カリキュラムなどが決まっていないマンツーマンレッスンに使える方法です。

　たくさんのネイティブの先生から英語を学び始めて1カ月が経った頃、英語を教えるのが上手な先生とあまり上手ではない先生がいることに気づき始めました。そのため、「やった。今日は○○先生だ！」「あぁ、今日はこの先生かぁ…」と自分の中でテンションが変わるのがわかりました。

　上手に教えてくれる先生は、授業が楽しくて、すぐに生活で使える英語を教えてくれるのに対し、あまり上手ではない先生は、授業がつまらなく、先生が一方的に話すだけでした。

　どうにかして全ての授業が楽しくならないかなぁと考えていたところ、1つ思いついたことがあったので行なってみました。すると、授業が有意義で楽しくなったのです。その方法をご紹介します。

　私をはじめ多くの日本人は何かを学ぶ時、どうしても受け身で授業を受けるのが習慣化していると思います。つまり、先生に何か教えてもらうことが勉強だと考えている人が多いということです。私もそうでした。

しかしこの考えだと、あなたではなく、先生主導によって楽しい・楽しくないが決められてしまいます。これはオンライン英会話などでも良く起こりうることだと思います。

では、どうしたら良いか？というと、あなた主導で、あなたが授業をコントロールする側に回りましょう。

具体的に言うと、私の場合は、あらかじめ自分が知りたい英単語や英語フレーズの使い方、気になった洋楽の歌詞や海外ドラマのセリフなどを持っていき、先生に質問するようにしたのです。

すると先生は親身になって教えてくれるので、自分が知りたいことを知ることができる ＝ 面白い、学んだ英語が実生活で使える ＝ 楽しい、と授業を楽しめるようになったのです。これで、つまらないと思っていた授業が楽しい授業となりました。

それでは、私が編み出した英語がすぐに身につくシンプル4段階学習法をお伝えします。

英語が話せるようになるためには、知る ⇒ 話す（使う）⇒ 話せる（使いこなす）でしたね。それをレッスン中に実践します。

① 【意味を知る】の段階（知るレベル1）
② 【使い方を知る】の段階（知るレベル2）
③ 【使えるようになる手前】の段階（使う）
④ 【使えるようになる】の段階（使える）

① ネイティブに、まずわからない英語表現の意味を聞きます。
　⇒【意味を知る】の段階

例えば、ある英語表現の意味を知らないとします。その際は、"What does 〈○○〉 mean?"（○○の意味は何ですか？）と聞きます。意味がわからないならば、"I don't understand."（意味がわかりません）と言って理解できるまで説明してもらいましょう。

　ただし、中には英語特有の表現もあります。その場合は、②の【使い方を知る】の段階で意味がわかるものもあります。何度聞いても意味がわからない場合は②の段階に移って使い方を学びましょう。それでも意味がわからないものは学んでも使いこなすことは難しいので、現段階では縁がなかったと思って次の質問に移りましょう。

② **この英語表現を使った具体例を3つ教えてもらいます。**
　⇒【使い方を知る】の段階

　意味がわからない場合も意味がわかった場合も、"When do you use this expression?"（この表現はいつ使いますか？）"Could you use this expression in a sentence?"（文の中でこの表現を使ってもらえませんか？）というフレーズを使って、文の中に入れた場合を聞いてみてください。すると、いくつか例を出してくれます。

　学びたい英語表現の使い方がわからない場合は"Could you give me more examples?"（もっと例をいただけませんか？）と言い、さらに例文を聞き出してください。

③ **②で使い方がわかったら、あなたが学んだ英語フレーズを使って英文を作る番です。** ⇒【使えるようになる手前】の段階

　3つ具体例を作ってみて、相手にこれで良いか聞いてみてください。ここでのポイントは、日常生活であなたが実際に使える英文にするということです。

そして、ネイティブにこの英語フレーズは使えるだろうか？

"Can I say like this 〈あなたが作った英文〉?"（このように言えますか？）と質問します。

④ <mark>ネイティブにあなたが作った例文が使える、通じると OK をもらったら授業中に何度も使ってみる。</mark> ⇒【使えるようになる】の段階

授業中に何度も使う機会を作って、使いこなせるようになっていきましょう。使いこなすためのヒントは次の項目に書かせていただいているので、そちらをご参照ください。

それでは、この方法を具体例と共に見てみましょう。

例えば、"gotta" という単語が知らないとします。

そこで、まずは "What does 〈gotta〉 mean?"（gotta の意味は何ですか？）と聞きます。⇒【意味を知る】の段階

先生は "Gotta is 〈got to〉. It's the same as 〈have to〉."（Gotta は got to のことで、have to の意味と同じだよ）のように言ってくれたとします。意味が少しわかったところで、"Could you use 〈gotta〉 in a sentence?"（文の中で gotta を使ってもらえませんか？）と言いましょう。⇒【使い方を知る】の段階

先生は、詳しく状況を説明してくれながら、"I gotta go."（行かなきゃ）、"I gotta wait."（待たなきゃ）、"You gotta see this."（あなたはこれを見なきゃだめだよ）のように例をいくつか言ってくれると思います。

わからない時は必ず "I don't understand. Could you explain it in another way?"（わかりません。他の方法でそれを説明して

くれませんか？）のように言ってください。

　わからなかった場合は、他にこのようにも言えます。"Could you explain it more simply?"（もっとシンプルに説明してくれませんか？）、"Could you explain it in a detailed way?"（詳しくそれを説明してくれませんか？）

　先生がもし状況を説明してくれないのであれば、"When do you use〈gotta〉?"（いつあなたは gotta を使いますか？）のように、使われる場面を聞くようにしましょう。

　こうすることで、今まで理解できていなかった単語が使える英語フレーズとして日常生活で使えるレベルにまで格上げされます。

　ここまで来たら、gotta を使ったフレーズをあなたもいくつか作ってみましょう。⇒【使えるようになる手前】の段階

　そして、作ったフレーズが先生に通じるか聞きましょう。例えば、お昼前でお腹がすいているけれど勉強中の時、"Can I say like this〈I'm hungry but I gotta wait.〉?"（〈お腹がすいているけれど、待たなきゃ〉のように言えますか？）と聞いてみましょう。

　あなたがいくつか聞いてみて、先生がそれで OK と言ってくれたら、今日この瞬間からあなたが理解して作り出した英語フレーズは使えるのです。

　さらに、先生から学んだ英語フレーズはその授業の中で最低 1 回は使うことが目標です。⇒【使えるようになる】の段階

　また、その次の先生の授業でも使う、と目標を立てます。⇒【さらに使えるようになる】の段階

すると、知る ⇒ 使う ⇒ 使いこなす、の階段を素早く駆け上がることができ、その日のうちに学んだ英語を自分のものにできるようになるのです。

　学んだ英語を使えば使うほど、教えてくれた先生は喜んでくれますし、教えていない次の先生も、なぜネイティブのように英語を話せるんだ？と驚いてくれるでしょう。

　これを実践することで、英語はさらに話せるようになり、ネイティブの先生も喜んでくれるという良い状況になる上に、私も非常に心地良いので、英語に対するモチベーションがさらに上がりました。

　レッスンで学んだ英語は使いこなせるレベルにまでしてレッスンを終えることを目標にしましょう。こうすることによって、習ったはずなのに英語が出てこない、忘れた、という悲しい結果を防ぐことができるようになります。

　それでは、次は私がどのように授業中に学んだ英語を使っているか？の実例をお見せしますね。

> 💡 ポイント
>
> マンツーマンレッスンは、どんな英語を知りたいのか？学びたいのか？を明確にして、自分主導で行ないましょう。

4 [第5章]プライベートレッスンで英語力を上げる方法
（実践方法7割・精神的な部分3割）

> 「知る ⇒ 話す（使う）⇒ 話せる（使いこなす）」。これで、学んだ英語をすぐに使えるようにしよう。

　それでは、どのようにすれば、学んだ英語をそのレッスン中に使いこなせるまでにすることが可能になるのでしょうか？ 私が実践する中で身につけてきた具体的な方法を3つお伝えします。

　ここでもポイントは、知る ⇒ 話す（使う）⇒ 話せる（使いこなす）です。

　例えば、私の母は専業主婦です、と言いたい時に、"My mother is a homemaker." であると先生から学んだとします。これをレッスン中に使えるようにするために、次の3つの方法を実践します。

① 質問の中で使いたい英語を言ってしまう方法

　"Is your mother a homemaker?"（あなたのお母さんは専業主婦ですか？）と聞いてしまいます。

② 直接相手にお願いする方法

　"Could you ask me〈What does your mother do?〉?"（私に〈あなたのお母さんは何をしている人？〉と聞いてくれませんか？）と相手に聞いてくれるように求めます。そして、"My mother is a homemaker." と答えます。

③　関連した話題から使いたい英語を使う方法

"Does your mother often watch TV?"（あなたのお母さんはよくテレビを見ますか？）と聞いて、相手の答えが "No." でも "Yes." でも、まずは相手が言ったことを確認した上で、"I see. My mother is a homemaker. So she often watches TV."（なるほど。私の母は専業主婦なので、彼女はよくテレビを見ます）とすでに用意している英語フレーズを言います。

ここでのポイントは、相手の答えが "Yes." でも "No." でも "Yes and No." でも、話したい英語を使った答えを用意しておくことです。

もう1つ具体例を紹介します。私が "Does your mother cook every day?"（あなたのお母さんは毎日料理をしますか？）と聞いたら、

相手："Yes. She likes cooking."（はい。彼女は料理が好きです）⇒ 私："I see. Is your mom a homemaker?"（なるほど。あなたのお母さんは専業主婦なの？）

相手："No. She works on weekdays."（いいえ。彼女は平日働いているんです）⇒ 私："I see. Your mom is not a homemaker."（なるほど。あなたのお母さんは専業主婦じゃないんだね）

相手："Yes and No."（そうでもあり、違うとも言えるなぁ）⇒ 私："Oh, is she a homemaker?"（えっ、彼女は専業主婦ですか？）

どんな答えが来ても、"homemaker" を使った英文で話題を続けられるようにしておくのです。

このように様々な技があります。

あなたに一番合った技を使いながら、英会話の中で不自然にならないように織り交ぜていければ、あなたは学んだ英語をすぐに使いこなすスペシャリストになれます。

<mark>学んだら使う、この習慣化が、すぐに使いこなせる（話せるようになる）という階段を駆け上がれるようにしてくれます。</mark>

※アメリカやカナダでは、専業主婦のことを housewife や stay-at-home mom と言う場合も多いです。私はカナダで homemaker と教わりましたが、教わる先生によって、使う英語表現が異なることも楽しみましょう。

💡ポイント

学んだら使う、これを習慣化しよう。

5 [第5章]プライベートレッスンで英語力を上げる方法
（実践方法7割・精神的な部分3割）

> +αを意識しよう。
> そうすれば、英語が2倍話せるようになる。

　私が英語をスラスラ話せるようになった秘訣の1つに、「+αの意識」を持つことがありました。常に、今話せることに少しだけプラスして話してみる、ということです。

　別の言い方をすると、英語を話す時、英語を学ぶ時に「今までの自分よりもいくらかだけ良くなろう」と意識したのです。+αとして、こんな小さなことから始めてみました。

具体例 ①

　いつもは "How are you?" と聞かれた時に、"Good." だけで答えていたのに、"Same as usual." と答え方を変えた。答え方を変えるのも1つの+αですね。

具体例 ②

　いつも "Could you say it again?"（もう一度言ってください）と言っていたころを、"Could you repeat it again?"（もう一度繰り返してください）という同じ意味でも違う言い方を学んだので、そちらも使うようにした。

　"Can I have orange juice, too?"（私もオレンジジュースをく

ださい）と友達が頼んだものと同じものを頼む時に、"Make that two, please."（それを2つにして）のように頼んだ。

具体例 ③

何かを食べて、いつもは "It's tasty."（美味しい）と言っていたのですが、"It's very tasty." のように very を加えて言ってみるようにした。単語を1つつけるだけでも＋αになります。

具体例 ④

自己紹介の時に、"I'm Satoshi."（私は Satoshi です）と、いつもは1フレーズで話していたものを、＋αを意識しだしてからは、
"I'm Satoshi. Call me Sato."（私は Satoshi です。私を Sato と呼んでください）と言ってみた。
このように、2フレーズで言うことも1つの＋αです。

具体例 ⑤

出身についても、最初は "I'm from Japan."（私は日本出身です）と言っていたけれど、このフレーズに、"I'm from Japan. I'm from Yokohama."（私は日本の横浜出身です）とつけ加えた。

具体例 ⑥

それまでは "Can I have this?"（これもらえますか？）と1フレーズで注文していたのですが、＋αの意識で "Excuse me."（すみません）をつけて、"Excuse me, can I have this?"（すみません。これもらえますか？）と言うようにした。

このように普段使っていた英語フレーズを、学んだ英語フレーズ

に変えたり、普段1フレーズで言っていた答えを2フレーズにして、それまでの2倍の長さで英語が話せるようになっていきました。

英語が2倍の長さで話せるようになると、英語を話している時、いつも長めに話そうとする癖がつくようになります。そして、英語を長く話すことが当たり前になっていくのです。

自分がすでに話せることに少しだけ+αするというのは、それほど難しいことではありません。そのため、この戦略は大成功でした。

私たちは、せっかく高度な英語フレーズをたくさん学んでも、実際にその表現を使ってみる練習ができていないため、いざ話してみたいと思う時にはすでに忘れてしまっているのです。

ですが、この+α作戦であれば、自分が話せる英語に少しずつ追加するだけなので、簡単かつ効果的に実行できると思います。

今まで、たくさんの英語フレーズを覚えようとして全く覚えられなかった人もいると思いますが、これからは覚えられない、と悩む必要はありません。覚える必要はありません。あなたが話しやすい英語だけを少しずつ+αで話して使いこなせるようになるだけで、昨日のあなたよりもずっと成長した英語が話せるようになります。

今日から、無理せずに少しずつ使える英語フレーズを増やしてみてはいかがでしょうか？

💡ポイント

+αを意識して、少しずつ使える英語フレーズを増やしてみよう。

ポイントのまとめ

■ 常に、一寸先は光と信じて改善を続けること。そして、無理せずできそうなことから始めること。

■ 2人以上の先生、もしくは2つ以上の場所で英語を学び話すことで、2倍以上の成果が出ます。

■ マンツーマンレッスンは、どんな英語を知りたいのか？学びたいのか？を明確にして、自分主導で行ないましょう。

■ 学んだら使う、これを習慣化しよう。

■ ＋αを意識して、少しずつ使える英語フレーズを増やしてみよう。

第6章
英語の伸びが止まらなくなる方法
（実践方法9割・精神的な部分1割）

♥ 精神的な部分1割

実践方法9割 ☺

1 [第6章] 英語の伸びが止まらなくなる方法
（実践方法9割・精神的な部分1割）

> 海外ドラマや映画などを使って英語を勉強してみよう。5歳の女の子は『My Neighbor TOTORO（となりのトトロの英語版）』で飛躍した。

ここまで、私は

- 洋楽でリスニング力とスピーキング力を上げる
- 2段階学習法と推敲トレーニング
- マンツーマンレッスンで学んだ英語をすぐに使い、使いこなす

…という方法をお伝えしてきました。

そして、さらに英語が話せるようになる方法を偶然見つけてしまいました。それが、映画や海外ドラマを使った英語学習法でした。

きっかけはこんなことからでした。

私はカナダに留学していた当時、ドイツ系移民の5歳の女の子Maliと一緒に共同生活していました。彼女はホストマザーの娘さんでした。

彼女は私がホームステイを始めてから数カ月間、一言も話してくれませんでした。実はホストマザーはシングルマザーで、娘さんは男の人が苦手だったようでした。それでも、彼女と少しずつ仲良くなっていくにしたがって、彼女は口を開いてくれるようになりました。

彼女は英語をあまり話していなかったせいもあって、近所の同じ歳のお友達よりも英語を話す能力は劣っていたように思います。

ところがその彼女が、私が帰国する頃には信じられないほど英語が話せるようになってしまったのです。

それが、映画を使った英語学習法でした。

ホームステイ先にはテレビの上に30本くらいの映画が置いてあり、Maliは毎日ビデオを観ていました。その中には、『となりのトトロ』の英語バージョンなどもあり、私は最初映画を家で観られるなんて英語学習に最適で良いなぁと思っていました。

ところが…

Maliは、ハマッた映画があると1週間続けて同じ映画を何度も観るということが多々ありました。飽きっぽい私は、「えっ、またこの映画を観るの？」と思わず突っ込んでしまうくらいでした。

昨日も一昨日も『My Neighbor TOTORO』（となりのトトロの英語版）。「もう勘弁してくれよ」と内心そう思っていた時に、Maliが突然帽子をかぶってメイちゃんの真似をしだすではありませんか。

「おいおい。真似して遊ぼうなんて言うなよ」と思いながら見ていると、あることに気づいたのです。

最近のMaliの英語が以前に比べると上手になっている気がするのです。彼女がメイちゃんの真似をすればするほど、一昨日より昨日、昨日より今日と真似ができる場面やフレーズの長さが増えていきました。そして、その真似はホストマザーや私の英語の真似をする力に直結していったのです。

ある時、ホストマザーが夜遅くまで仕事だったため、私が彼女を寝かしつけることになり、"Mali, you have to go to bed."（Mali、ベッドに行かないといけないよ）と言うと、"Satoshi, you have to go to bed."（Satoshi、ベッドに行かないといけないよ）と真似してくるのです。

　そう、よくある子どものリピート戦法です（笑）その時は、"No, your mom will be angry if you don't go to bed."（だめ、もし寝ないとママが怒るよ）と言って無理やり寝かせましたが、その後冷静になって、気づきました。数週間前まで私の英語なんて真似できなかったMaliが、今や1度聞くだけで私の英語を真似できる位にまで英語が上達していたのです。

　まさか、登場人物の英語を遊びながら真似しているだけなのに、こんなに英語が上達しているとは。私はMaliが行なっていた子どもがよくやるお遊びが、言語能力を自然に上達させる秘訣であると踏み、私自身も映画や海外ドラマで同じことをし始めました。

　すると、この読みは大正解でした。

　ネイティブが発した英語をそのまま真似して話す能力が身につき、英語を耳から聞けば聞くほど、スピーキング能力が上がる無限英語上達法が身についてしまったのです。

　実践方法は次のようなものです。

　最初は映画のように長いものではなく、短い海外ドラマを利用しました。その当時流行していた『フレンズ』が語学学校でも教材として使われていたので、ビデオに録画して学習しました。

当時、映画やテレビ番組の英語フレーズは速すぎて聞きとれなかったのですが、自分が知っている簡単な単語で構成されているフレーズや自分がすでに話すことができているフレーズは聞きとれることが多かったのです。

　私はマンツーマンレッスンで、

「すでに知っている英語でも、使い方を知らないものは話せない」

ということがわかっていたので、ここに注目しました。

　知る ⇒ 使う ⇒ 使いこなす、これで英語は話せるようになるのですが、中学・高校と英語の授業で勉強してすでに知っている英語フレーズの多くは、どのように会話の中で使ったら良いのかわからないものが多かったのです。

　そこで、映画や海外ドラマで使われている場面などを見ると、なるほど、こんな場面でもこの英語フレーズは使えるんだぁと体験を通して学ぶことが多くなり、すでに知っている英語フレーズでも、使えるバリエーションがあることがわかりました。

　このようにして知っている英語フレーズを中心に使い方を学ぶことによって、自分でもドラマと同じような状況や場面で使えるようになったのです。

　ポイントはすでに知っている英語フレーズをメインに、「使い方」を学ぶことでした。

　この方法は、もちろん日本でも行なえます。また実際に日本でもこのようにして学ぶことがありました。

先日、テレビを見ていた時に、お土産（お菓子）を紹介するコーナーがありました。英語が話せるタレントさんがそのお菓子を食べてすごく美味しかったようで、思わず "Where is this from?"（これはどこから？）と聞いたのです。

　私は "I'm from Japan."（私は日本出身です）のような表現や "Where are you from?"（あなたはどこ出身ですか？）という表現を知っていたので、「これはどこからのお土産？」と言う時も、"Where is this from?" のような表現ができるんだぁと思わず感動してしまいました。

　このように、すでに知っている英語フレーズでもどんな場面で使われるのだろう？という、「使い方を知る」目的で海外ドラマを見ることにしました。

　もちろん Mali のように、話されているフレーズを主人公と同じような気持ちになって、身体を使って真似したり、時にはトイレにこもって、トイレの鏡を見ながら英語を真似して言っていました。

　また、録画したエピソードを何度も何度も見ることで、1度見ただけではわからなかったことがわかるようになりました。何度も同じエピソードを見るうちに、次第に聞きとれる英語フレーズが増えていきました。

　その際、私は、

- ■自分がすでに知っている英語フレーズ
- ■自分がすでに知っている英単語で構成されている英語フレーズ
- ■自分がすでに話せる文に少し+αされている英語フレーズ

この3つを意識して、使い方を知ることを目標に、映画や海外ドラマを見るようにしました。

具体例 ①

　「またね」と気軽に言う場面で "See you later." というフレーズが使われていました。そこで、気軽に「またね」と言う時は "See you later." で良いんだなぁと使い方がわかるようになりました。

　あえてすでに知っている、自分でも言える英語フレーズを聞きとって真似します。その理由は、すでに知っている英語フレーズでも、使い方は何通りもあるということを知り、さらに様々な場所でその英語フレーズを使えるようにするためです。

具体例 ②

　「もう起きたのね」と言う場面で "You are up." というフレーズが使われていました。You も are も up も簡単な英単語ですが、私は「もう起きたのね」という意味になるとは知りませんでした。早速このフレーズをノートに書き出して覚えました。そして、ホストマザーが休日起きてきた時や友達が昼寝から目覚めた時に積極的に使ってみて、使える！ と実感できました。

具体例 ③

　"What happened?"（何が起こったの？）というフレーズをすでに日常生活で使うことができていました。ある時、海外ドラマを見ていたら、「その後何が起こったの？」と言う場面で、"What happened after that?" というフレーズが流れてきました。今まで話すことができていた "What happened?" というフレーズに

"after that" というフレーズを付け加えるだけで、こんな意味になるんだぁと体感し、早速使いこなせるようになりました。

　このような具合です。新しい英語フレーズをたくさん学ぶのではなく、あなたがすでに話せる英語、知っている英語をいかに使いこなすか?という視点に立つと英語はもっともっと話せるようになります。

　さて、私はもっぱら海外ドラマ『フレンズ』を見ながら学習しました。私は『フレンズ』がオススメですが、『フレンズ』以外にもたくさんの良い海外ドラマがあります。また、今お伝えした方法は映画でも可能です。私も今は映画などでも英語フレーズの使い方を学んでいます（ただし、日常会話を学びたい方は時代背景が現代に近く、日常会話がメインで話されているジャンルの映画や海外ドラマを選択してくださいね）。

　速いインターネット回線環境がある方なら、Hulu というサイトで月額 1000 円程度でたくさんの海外ドラマが見られます。

http://www.hulu.jp/　　　　　（2015 年 7 月現在の価格と情報です。）

　また、インターネット環境がない方や速い回線ではない方も、海外ドラマ『フレンズ』をはじめ、様々な海外ドラマは DVD やブルーレイが出ています。

　私は海外ドラマ『フレンズ』の同じエピソードを 30 回以上は見ていると思います。それでも毎回発見があります。最初は全く聞きとれなかったのですが、何度も見るうちに、リスニング力やスピーキング力がつくことで、聞きとれる部分が増えていき、今やほとんどの部分が英語を英語のまま理解できるようになりました。

さて、海外ドラマを見る環境が揃ったら次は「英語で何を言っているのか？」を確認するために字幕スクリプトを探しましょう。インターネット環境がある方は、Yahoo や Google などに、[friends script]と入力すると『フレンズ』のスクリプトを見つけることができます。

　もしインターネット環境がない場合、スクリプトのみの販売はされていないようです。そのため、DVD やブルーレイを購入する際に英語音声、英語字幕と日本語字幕付きのものを購入してください。

　まずは何度も気に入ったエピソードを英語音声／日本語字幕で意味を見ながら理解します。その後、今度は日本語字幕を消して、英語に集中して聞きこんでみましょう。日本語の意味を思い出しながら、英語ではこのように言っているのではないか？と予測をつけ、英語のスクリプトを見てみましょう。英語を書き出すなどして、スクリプトや英語字幕と照らし合わせることで、リスニング力を鍛えることもできます。

　使えそうな英語フレーズを学んだり、すでに知っている英語フレーズの違う場面での使い方が学べたら、実生活の同じような場面で使う練習をしましょう。時には子どものように、役者さんになりきって演じながら練習するのも楽しいですよ。

💡 ポイント

映画や海外ドラマを真似することで、すでに知っているフレーズの「使い方」を学ぶ。

実践9割　精神1割

2 [第6章]英語の伸びが止まらなくなる方法
（実践方法9割・精神的な部分1割）

大好きな映画や海外ドラマのセリフをとことん真似するコツ。

　前の項目で、映画や海外ドラマを使った英語学習法をお伝えしましたが、こちらに慣れてきたら、私はこんなこともしてみました。

　大好きな映画や海外ドラマの印象的なワンシーンに出合ったことはありませんか？ 思わず心が動いてグッとくるようなセリフを話している場面です。そのセリフを話した登場人物のワンシーンを完ぺきに真似するのです。

　私の場合、最近では『The Fault in Our Stars』（邦題：きっと、星のせいじゃない。）という映画の最後に読まれた手紙に感動しまして、とことん英語を真似して言ったりしています。また、他の例ですと『8 Mile』のEminemのラップが非常に格好良かったので練習して真似できるようになったりしました。

　こうしたワンシーンを完全コピーすると、リスニング力とスピーキング力が飛躍的に向上します。

　ネイティブはどんな英語を使って感情豊かに物事を表現するのか？ ネイティブは長い英語をどのようにつなげて話しているのか？などを体感できるからです。

また英語だけでなく身体の使い方も一緒に真似していると、その登場人物の気持ちにグッと近づけたり、話している英語に気持ちが入って思わず感動してしまったりすることもあります。

　これこそが英語をモノにして使いこなすための究極のスピーキング練習法だと思います。

　では具体的な実践方法です。

　大好きな映画や海外ドラマを利用して、あなたが好きな俳優や登場人物の台詞を、演技も含めて100％コピーするくらいの勢いで真似します。もしまだ見つからない場合は、これから観る映画や海外ドラマなどの好きな場面は必ず覚えておくようにしてくださいね。

　用意するものは、その映画や海外ドラマが見られる環境とそのスクリプト（字幕付きのDVDやブルーレイで大丈夫です）、ヘッドフォン、ペンとノート、そして恥ずかしがらない気持ちです。

　セリフをまずは書き出し、そのセリフを映像と照らし合わせながら、完全にコピーするにはどうすれば良いかを考えつつ真似をします。このセリフの時に感情を強く入れているとか、この2つの英単語はつながって話されているとか、気づいたことをセリフの英語の部分に書いていき、完全コピーを目指し、改善に改善を重ねるのです。

　目標の目安は、やはり8割。私も完全なコピーを目指しますが、どうしても言えないものもあります。そこはできる限り、自分の中では最高の改善をしたところで終わっておくのが楽しく続けられる秘訣です。今後、あなたが様々な英語学習をしていく中で、きっと上手く言えるようになるはずなので、未来のお楽しみにしましょう。

私もまた、『8 Mile』の中の Eminem のラップは 2 年かけても完全コピーは無理でした。でもそういった途方もないことをしている時も楽しかったのです。そしてレベルが高いことに挑戦して少し上手くいくと、他の映画や海外ドラマなどの真似がしやすくなりました。

　ですから、最初から上手くいかなくても安心してください。楽しく続けてみましょう。

　また、どうしても字幕が見つからない場合は英語の得意な人やネイティブの先生を探すなどして、そのワンシーンがどのように話されているのか教えてもらうのも 1 つの手です。

　映画や海外ドラマの登場人物になりきることに対して、最初は子どもの単なる遊びと思っていましたが、実践してみると英語の吸収力があきらかに違うし楽しいのです。そして、英語を話す練習を何度もしているために、以前に比べてグンッと話せるようになりました。

　映画や海外ドラマのワンシーンをとことん練習することは、長い英文を話すための最高のトレーニングになります。ぜひお気に入りの映画や海外ドラマの登場人物のセリフを言えるように練習しましょう。

　　※字幕はすべてが台詞と同じではない場合もあるので、もし台詞と少し違うなぁと感じたら、最初は字幕が同じシーンを探してそちらを利用しましょう。また、スクリプトを公開しているサイトなどもあります。例えば、先ほどもお伝えしましたが海外ドラマ『フレンズ』のスクリプトなどは、検索エンジンで［friends script］と検索してみると出てきます。

3 [第6章]英語の伸びが止まらなくなる方法
（実践方法9割・精神的な部分1割）

通じた英語だけを残して、自分用の英語フレーズ集を作ろう。その作り方を教えます。

カナダで驚いた出来事、それは、

「文法が完ぺきでもネイティブが使わないものは理解してもらえない。実際に使われる英語しか通じない」

これがわかって以来、私は英語を基本的にネイティブの先生や海外ドラマ、映画の英語からしか学ばないようになりました。

また、インターネットなどで検索したり、英会話本などで調べた英語フレーズは必ずネイティブの先生に使ってみて、通じるかどうか試すようになりました。

==すると、次第に自分の話す英語が「通じない」「伝わらない」ということが驚くほどなくなりました。勉強すればするほど、通じる、伝わる英語になり、英語を話していて気持ちが良くなりました。==

==逆に言うと、ネイティブの先生や海外ドラマ、映画で使われているという証拠があるのですから、ネイティブに伝わらない訳がなかったのです。==

学べば学ぶほど通じるという自信を持って学習ができました。そして、多くのネイティブに「どうしてネイティブしか知らないよう

な英語ばかり知っているんだ？」と聞かれるようになりました。

　そして、学んだ英語をもっと効率的に一気に身につける方法を考えつきました。それは通じた英語だけを残して、自分用の英語フレーズ集を作ることでした。これは、何にも代え難い自分だけのスピーキング上達フレーズ本になりました。

　具体的な作り方を説明します。

> ① ノートとペンを用意します。
> ② 学んだ日付を書きます。
> ③ 学んだ英語フレーズを書きます。
> ④ 学んだ状況を詳細に書きます。
> ⑤ 使えた時のことも書いておきます。

　④の学んだ状況を詳細に書く、がとても大事です。体験を通して学んだことは忘れにくいのです。そして、学んだ状況を書き出すことによって、さらに記憶に残るようになります。

例 ① 20○○年 2月27日

"What?"（何だって？）のような意味。

　海外ドラマ『フレンズ』で、Joey が Thanksgiving の日に今年はターキーがないと聞かされて、こんな反応をしてた。日本語の「何だって?」と予想外のことを言われた時に使う感じ。

◎**こんな時に使えた**（使った時のことを書いておく。）
　＊友人の John がジムに通ってダイエットすると言ってたのにもうやめたと言った時。
　＊

例 ② 20○○年3月1日

"for the first time in 2 years"（2年ぶりに）という表現。
　Ryan先生に「○○ぶりに」の表現を教わった。
"I met Takashi for the first time in 2 years."（2年ぶりに
Takashiに会ったよ）のように言える。
　inの後をin a monthなら1カ月ぶりなど、いろいろ変えられる。

◎こんな時に使えた・聞いた
＊先週、10年ぶりに泳いだんです。
　"Last week I swam for the first time in 10 years."
＊2カ月ぶりに横浜駅に行ったの。
　"I went to Yokohama station for the first time in 2 months."
＊

例 ③ 20○○年3月3日

"Let me know."（知らせて）
　本で学んだ表現だが、海外ドラマやラジオなど、いろんなところで言ってた。Dave先生も、"Let me know when you're done."（終わったら教えて）のように言っていた。

◎こんな時に使えた・聞いた
＊"Let me know when you leave."（出発する時は教えてね）とカナダ人の友達に言われた。
＊"Let me know how it goes."（どうなったか教えて）と海外ドラマで使われてた。
＊

こうやって、実際に使える形として覚えながら、自分のものにしていきます。

カナダ留学で、このように英語が話せることに特化した学習をしていた時、「Satoshi は何年留学しているの？」と聞かれ、「9 カ月だよ」と言うと多くの人にびっくりされました。

==英語の知識が多い ＝ 英語がたくさん話せる、という訳ではないのです。その知識の使い方を知り、実際に使いこなせるようになることが、英語を話せるようになる秘訣です。==

> 💡 ポイント
>
> 自分だけの英語フレーズ集を作って、今まで学んだ知識の使い方を知り、使いこなせるようになろう。

4 [第6章]英語の伸びが止まらなくなる方法
（実践方法9割・精神的な部分1割）

参考書を「使える形」にするための方法。こうすれば実際に使える表現になる。

　英語は、知る ⇒ 話す（使う）⇒ 話せる（使いこなす）という順番で話せるようになるのですが、それには、英語の使い方がわかる必要があると、これまでお伝えしてきました。そこで、普段の英会話参考書を、「使える形」にするための方法をここでお伝えしておきます。

　英会話の本に使われている例文は、万人にとってわかりやすく作られている長所があるものの、1人1人の環境には合っていないという短所もあります。

　例えば、"I visited Tokyo last year."（私は昨年東京を訪れました）と言っても、東京に住んでいる人や東京を訪れていない人はこのフレーズは使えないのです。このような場合に、英会話本のフレーズをそのまま身につけるのではなく、あなたが実際に使える表現にしてみましょう。例えば、"I visited 〈あなたが訪れた場所〉 last year." と言いかえます。

　知る ⇒ 使う ⇒ 使いこなす、のステップを上りやすくするために、使いやすい英語フレーズに変える作業です。具体的な例を紹介します。

> **具体例 ①**

"I go to the park."（私は公園に行きます）という表現であれば、あなたの近くの公園の名前に変えてみましょう。

"I go to Yokohama park."（私は横浜公園に行きます）

> **具体例 ②**

"I like her."（私は彼女が好きです）であれば、具体的な人の名前を入れてみましょう。例えば、"I like Lauren Cohan."（← 海外ドラマ『ウォーキングデッド』に出演している女優さん）のように英文を変えてしまいます。

> **具体例 ③**

"I go to the gym every day."（私はジムに毎日行きます）という例文であれば、"I go to Yokohama gym on Monday and Wednesday."（私は横浜ジムに月曜日と水曜日に行きます）のように実際に行くジム名や曜日に変えてみましょう。

ポイントとして、例①②のように、初めは例文のうち1つの単語を具体的な名前に変えるなどしてみてください。例えば "I had dinner at a restaurant."（私はレストランで夕食を食べました）であれば、"I had dinner at〈近くの焼肉屋さんの名前〉." のように具体的な名前を入れるのです。

そして、慣れてきたら例③のように曜日や場所をはじめ、実際にあなたが日常生活の中で日本語でも使っているようなフレーズに変えていくようにします。

英語参考書に掲載されている英語を、あなたが実際に日本語でも話している表現に変えるのです。

　こうすることでより参考書の英語フレーズがあなたにとって身近になり、話しやすくなるでしょう。そして、実際の英会話の場で使えるフレーズになります。

　この方法を使うことで、知る ⇒ 話す（使う）⇒ 話せる（使いこなす）、のステップをより速く上ることができるのです。

> 💡 **ポイント**
>
> **参考書の英文を、実際に日常生活の中で使える表現に書きかえれば、あなたにとって話しやすい実用的なフレーズになります。**

5 [第6章]英語の伸びが止まらなくなる方法
（実践方法9割・精神的な部分1割）

「印象に残った ＝ へぇ〜と思った・気づいた」英語フレーズだけを寄せ集めてオリジナル音声を作ってみよう。

　私がプライベートで教えた大人の生徒さんは、1週間に100もの英語フレーズを覚えてしまったり、多い人では200もの英語フレーズを話せるようになってしまうこともめずらしくありません。次は、その秘訣をお伝えしますね。

　私たちはたくさんのことを覚えられるようでいて、実は、頭の中に残っているのは、印象に残ったこと、言いかえると「へぇ〜、なるほど」と気づいたことが多いのです。

　例えば、本を1冊読んだ時に感想を聞いてみると「印象に残ったこと ＝ へぇ〜と思ったこと」が頭に残っていることが多いことに気づくと思います。1本の映画を観た時も、どうだった？と聞くと、「印象に残ったこと ＝ あなたがへぇ〜と思ったこと」をあなたなりにまとめているのではないでしょうか？

　つまり、1回しか観ていない映画や本を2時間すべて正しく記憶できる人は1人もいないと思うのです。

　そうであれば、「印象に残った ＝ へぇ〜と思った・気づいた」英語フレーズだけを寄せ集めて、あなただけのオリジナル音声を作ってしまえば良い、と考えて実践し始めたところ、想像以上に効

果が出ることがわかりました。

　実践方法は簡単です。必要なものは音声録音のソフト（スマートフォンをお持ちの方なら録音アプリで対応可能です）と覚えたい英語フレーズの一覧表だけです。

　まずは覚えたい英語フレーズ一覧表の作り方を説明します。

　題材はあなたがお持ちの英会話本でも構いませんし、映画や海外ドラマ、または英語の先生が教えてくれた英語フレーズでも構いません。その中で、「へぇ〜、こう言うんだ！」と印象に残ったフレーズを、エクセルや紙に日本語と英語の両方書いてみてください。

　先ほど映画や海外ドラマの学習の項目でお伝えした、次の3種類の英語フレーズを中心に書き出しましょう。

- 自分がすでに知っている英語フレーズ（使い方を新しく発見したもの）
- 自分がすでに知っている英単語で構成されている英語フレーズ
- 自分がすでに話せる文に少し＋αされている英語フレーズ

　私の体験から「へぇ〜、こう言うんだ！」と思った文の中でも特に記憶に残りやすい英語フレーズの順番は次の通りです。

①ネイティブの先生に直接教えてもらって理解できたフレーズ
②海外のリアリティーショーで、なるほどこう使うのか！と納得したフレーズ
③海外ドラマや映画の中で、なるほどこう使うのか！と納得したフレーズ
④英会話本などに記載されていて、なるほどこう使うのか！と納得したフレーズ

それでは実際の方法をお伝えします。

まずは、あなたが使いこなしたいと思う英語フレーズをまとめます。

1	その CD をかけてくれる?	Can you put on that CD?
2	(お店で) 並んでいますか?	Are you in line?
3	横浜で良いレストランを探してるんですが。	I'm looking for a good restaurant in Yokohama.
4	私の写真を撮ってもらえませんか? (丁寧に)	Would you mind taking a photo of me?
5	あなたも私と同じことを考えてる?	Are you thinking what I'm thinking?
6	それから何が起こったの?	What happened after that?
7	あなた、わかってないでしょ?	You don't get it, do you?
8	(休暇で) 仕事から長く離れてたんだ。	I've been away from work so long.
9	エレベーターで下に行くか聞きたい時は?	Going down?
10	上に行きますと言いたい時は?	Going up.

このような感じで書き出しましょう。私の場合はパソコンソフトのエクセルを利用していますが、紙などでも構いません。前の項目でお伝えした通り、あなたが実際に使う固有名詞などを入れてみるとさらに覚えやすくなると思いますので、ぜひ、身近な名前を入れてみてくださいね。

例えばこの例で言いますと、「その CD かけてくれる?」と言うよりも、"Can you put on Rihanna's CD?"(リアーナの CD かけてくれる?)のように、好きなアーティストの名前を入れます。

また、日本語訳もあなたの普段使っている日常の言葉で収録することがオススメです。そうすることによって、普段日本語を言っている感覚で英語も耳に入ってくるのです。

　私の場合は大体 100 フレーズ位をピックアップしますが、最初は無理のないように 30 フレーズ位からチャレンジしてみてください。

　ちなみに、音声録音ソフトとして私は Audacity を使用しています。

http://audacityteam.org/?lang=ja
　　　　　（無料で使え、wav や mp3 などの音声ファイルでかき出すことが可能。）
　　　　　　　　　　　　　　　　　　　　　（2015 年 7 月現在の情報です。）

　録音の方法は「番号・日本語・英語」の順番で録音しましょう。あなたの声で読み上げていきます。日本語と英語の間に 1.5 ～ 2 秒の空き時間を設けると良いです。

　そして音声が出来上がったら、文字を見ずに日本語を言った後にすぐに英語を言えるように練習します。1.5 ～ 2 秒空けて録音する理由は、英語の答えを聞く前に言えれば、覚えられたことが確認できるからです。

　録音した音声は、毎日聞き流して、声に出して練習しましょう。およそ 1 週間ですべての英語フレーズが言えるようになり、かつ日常生活の中で実際に使って、使いこなせるようになることが目標です。早ければ 30 フレーズ位なら 1 日か 2 日ですべて使いこなせる練習までしてしまう人もいます。

この方法は、英語を話すための基礎力をつけた上で(『英会話・ぜったい・音読』シリーズなどをしっかりと練習した上で)、あなたの英語の発音やイントネーションを通じるものにしてから取り組むと効果が高いです。もし発音が下手かなぁとか、通じるかわからない、と不安に思われた場合は、先ほどお伝えしたあなたの発音が正しく通じるか確認する方法を利用してください。

　もし、インターネット接続環境がない場合は、IC レコーダーを利用する方法もあります。

　例えば、私の場合は、このIC レコーダーを使っています。

SONY ステレオ IC レコーダー　2GB　BX312　ICD-BX312

　慣れてきたら、日本語 ⇒ 英語のように直訳するのではなく、「こんな場面ではどう言う?」のように、状況・場面から連想させて覚えるようにすると、覚えた英語をさらに使いこなすのが速くなりますよ(先ほどの例の 9 番や 10 番です)。

　例えば「下に行きますか?」の代わりに、「エレベーターで下に行くか聞きたい時は?」のように状況や場面を録音して言うことで、"Going down?" はエレベーターで使える言葉だ、と日本語を介さず感覚で理解でき、使えるようになっていきます。

[第6章] 英語の伸びが止まらなくなる方法
（実践方法9割・精神的な部分1割）

> 明るい英語を選んで話してみよう。
> そうすれば、気持ち良いほど英語を
> 話すのが好きになる。

　言葉を変えると感じる気持ちと行動が変わり、気持ちと行動が変わると習慣や性格が変わり、最後には成果も変わってきます。

　私が実際に体験したことを元にお伝えさせていただきます。

　私は以前、日本語を話す時、なぜかネガティブな言葉ばかり話していた気がします。例えば、ご飯を食べる時も「美味しい」なんて言ったことはなく、自分に起こった今日の良くない出来事を考えたり、気分が滅入ってしまうような番組を見ながら、今日も運が悪かったなぁと考え、その通りに良くないことが起きていました。

　しかし、幸運なことに、英語ではネガティブな言い方やクヨクヨするような表現を学んでいなかったので、そういったことが言えませんでした。

　すると、日本語を話している時は気持ちが暗くなるのに、英語を話しているとなぜか気持ちが明るくなりました。

　帰国子女やネイティブが話す英語には、人や物をほめる言葉が多く、例えば、"This is so good."（これとっても美味しい）、"You look so nice."（とっても素敵に見えるなぁ）、"What a beautiful day, isn't it?"（なんて素敵な日なのかしら、そう思わない？）など、言葉にポジティブさが含まれていました。

その影響で、英語でなら、ご飯を食べると、"It's delicious."（美味しいなぁ）と言えるようになりました。そして、テンションが上がる音楽を聞くようになり、今日起きた楽しいことを考えるようになりました。そして、自分は英語が話せるようになって、なんてツイてるんだろうと考えるようになり、さらに英語が話せるようになりました。

英語を話している時は、お誘いがあったらすぐに行くようにするなど、英語を話す前の出不精だった私とは180度違う積極的な自分に変わりました。

この頃には、帰国子女や外国人のノリが好きになり、彼らとばかり遊ぶようになりました。

一体全体、私に何が起きたのか、その時の私には全くわかりませんでした。何しろ性格が暗く出不精だった私が明るくなり、お誘いがかかれば2つ返事で参加するようになるまでに変わったのです。

グラパンと友達になってから帰国子女の友達が増えると、その理由が少しわかってきました。実は帰国子女の多くも、日本語を話している時と他の言語を話している時に、テンションや性格が少し違うように感じるのです。

そしてこれを、このように分析しました。

日本語が第一言語である私たちは、生まれ育った環境（家庭・学校・仕事場）の影響を受けて、言葉を話しています。例えば、家族から「あ

なたは控えめな子だよね」と言われたり、自分自身でも「私は控えめな性格なんです」と言うことで、私たちは控えめな自分を演出したりします。言葉が自分の性格形成に影響しているのです。私たちの感情は言葉に大きな影響を受けているということです。

==そこで、あなたが使う英語を、ポジティブなものばかりにすれば、英語を話していると徐々にポジティブな気持ちになり、行動が変わります。行動が変わると英語の勉強もよりしたくなるので、成果も変わります。==

それでは、具体的にポジティブな英語とはどんなものか？をお伝えしますと、例えば、"How are you?" と聞かれた時に、"I'm great." (私は元気だよ) と言うのと、"I'm not feeling good." (調子が良くないんです) と答えるのでは、ぜひ前者を覚えるようにしましょう。

"Do you like spring?" (春が好きですか？) と言われたら、"Yes" でも "No" でもない、などと言っていたかもしれませんが、"Yes" と言ってみて、好きな理由を探すようにしてみましょう。さらに会話がつながるようになります。

また、"I am unhappy." (私は不幸なんです) という言葉よりも、"I am happy." (私は幸せなんです) という言葉を話せるようにします。そして、どんな幸せなことがあるのか、を英語で言えるようにしていくと (例えば "I am happy because of you." あなたのおかげで幸せ)、英語を話すと幸せという気分が増えていくのです。

カナダに留学していた時に、カナダの人々はよく "Thank you." と言葉に出し、かつ相手のことをほめるなぁと感心していました。

見よう見まねで相手のことをほめるようにしたら、ほめているだけなのに、気持ちが良くなることを実感しました。

　明るい英語を選んで覚えて話すようにすると、気持ち良いほど英語を話すのが好きになります。ぜひ、相手が喜ぶ英語、あなたが使っていて気持ちの良い英語を学ぶようにしてみてください。

　以下はポジティブな英語フレーズの一例です。

>Nice haircut.（素敵な髪形だね）
>I like your T-shirt. Where did you get it?
>（あなたのTシャツ好きだなぁ。どこで手に入れたの？）
>Wow. Today's weather is so beautiful.
>（わぁ、今日はとてもいい天気）
>I love this. It's so yummy.
>（私、これ大好き。とっても美味しいなぁ）
>I like the way you think.（あなたの考え方、好きだなぁ）

　こんな英語フレーズをたくさん話していれば、きっとあなたはさらに魅力的になると思いませんか？

　==日本語を話していた時は気づかなかったのですが、話している言葉が実は今の自分の性格や成果まで変えてしまったのだなぁと思いました。==

　余談ですが、私は実は、最近までこのことに気づくことができていませんでした。ただなんとなく、日本語を話す時は暗い自分になり、英語を話す時は明るい自分が出てくると感じていても、その理由がわからなかったのです。

しかし、普段使っている言葉が原因なんだ、と気づいてからは、日本語でも人や物に感謝したり、良い言葉を使うことによって、日本語でも明るい性格になることができ、かつ手に入れられる成果も劇的に変化しました。

　具体的には、日本語でも、食べ物を食べる時に「美味しい」と言うようにしたところ、以前と比べて、本当に食べ物が美味しく感じられるようになりました。常に「ツイてる」と言うことで、自分に起きた良いことを考えられるようになりました。すると、気分的に滅入ることもなくなり、次の行動に弾みが出るようになりました。

　毎日肩こりや首のこりが激しかったのまで、なぜかなくなり、今ではほとんどストレスのない生活ができるようになりました。

　使っている言葉を変えることで、これだけ人生が変わったのです。

　ぜひあなたも、まずは英語から、気分が上がる言葉と下がる言葉なら、上がる言葉を選んで学んで発するようにしてください。そうすれば、気持ちや行動が変わり成果が変わるはずです。そして、どんどんポジティブな英語を発してください。起きる現象が変わって、さらにポジティブな英語を話したくなるでしょう。

> 💡 **ポイント**
>
> **明るい英語を選んで話すようにすると、英語を話すのが楽しくなります。**

ポイントのまとめ

■ 映画や海外ドラマを真似することで、すでに知っているフレーズの「使い方」を学ぶ。

■ 自分だけの英語フレーズ集を作って、今まで学んだ知識の使い方を知り、使いこなせるようになろう。

■ 参考書の英文を、実際に日常生活の中で使える表現に書きかえれば、あなたにとって話しやすい実用的なフレーズになります。

■ 明るい英語を選んで話すようにすると、英語を話すのが楽しくなります。

第7章
あなたの英語に自信をつける方法

1 ［第7章］あなたの英語に自信をつける方法

英語に関して恥ずかしい思いを30個してみよう。その失敗が宝物になる。

英語に関して恥ずかしい思いをするとは、

- 全く意味が通じずに、あなた自身が恥ずかしい思いをする
- 相手が言っている英語がわからずに、とんちんかんな答えをしてしまう
- 相手に「ハァ？」と強く言われ、おびえて話せなくなってしまった

…こういったことです。

英語が話せるようになった人は、誰しもが同じような恥ずかしい経験をしています。

これは、英語が話せるようになった人だけではありません。言葉を身につけたことがある人なら誰しもが通る道なのです。

私たちが日本語を身につける過程も同じだったはずです。ただ、私たちが間違えた時は子どもだったので、周囲から「かわいい」と思ってもらえたのです。

しかし、大人になると周りの目が気になりますし、何より私たちは羞恥心を学んでいますから、間違えると恥ずかしい思いをしてしまうのは当然です。

だから、英語を話すのがイヤになってしまった。

だから、英語をいくら勉強しても話す勇気が出ない。

こうなってしまった人もたくさんいると思います。

私も、最初は特に3番目の、ビクビクして声が小さいために、相手から、「ハァ？」と聞き返されるのが怖かった経験があります。

「留学をしたら英語は話せるようになる」と、サバイバルな英語学習が良いと言われる理由はここにあるのかもしれません。「言わなければ欲しい物が手に入らないので、英語が話せないとは言えない、話すしかない」という状況になるからです。

では、日本にいながらにして英語をビクビクしないで話せるようになるためにはどうすれば良いか？ それは最初から30個、恥ずかしい思いをする、と決めることです。

最初から失敗しないで成功だけ、と思うと、逆に身体が緊張してしまいます。しかし間違っても笑われても、それもまた学びの過程なのだと考えていると、少し気が楽になりませんか？

私の経験談を今からお話ししますので、私もこんな経験をしているんだぁと気が楽になっていただけたらうれしいです。

ある日、ホットドッグを食べていた時に、カナダ人に声をかけられました。リスニング力がその当時低かった私は、相手が何を言っていたのかわかりませんでした。ただ、"Italian? German?"という単語は聞きとれました。

私はその時、「イタリア人？ それともドイツ人？」と聞かれたのだと思って、"I'm Japanese." と堂々と言ったら、爆笑されました。

すごく恥ずかしい気持ちになりました。

　今思うと、ホットドッグのソーセージの種類はどのタイプか？を聞いていたのだと思います。しかしそれがわからなかった私は、"Japanese"と真面目に答えたので、笑われてしまったのだと思います。

　またある時は、アイスクリームが欲しかったので、移動式のアイスクリーム屋さんに行きました。そこには子どもたちが群がっていました。なかなか英語で話しかけられない私は、30人位の子どもたちに先を越され、30分以上もオーダーができませんでした。

　このように恥ずかしい思いをしたのですが、そういった恥ずかしい思いが自分の財産になるんだと信じてチャレンジを続けてきたら、今、同じような恥ずかしい思いをしなくなりました。

　きっと、恥ずかしい思いから何かを学ぶから私たちは成長できるのだと思います。だから30個、まずは恥ずかしい思いをすれば、その分英語は上達すると考えてみてください。そして、必ず1つ恥ずかしい思いをしたら、1つ目標を達成したのだから、あなた自身にご褒美をあげてください。

恥ずかしい思いを30個した後には、必ずその恥ずかしい思いは宝物となり、英語が話せなかったあなたを懐かしく感じる日が近い将来くることでしょう。

🔦 ポイント

英語で恥ずかしい失敗を30個してみよう。

[第7章] あなたの英語に自信をつける方法

英語に自信がなかった私が行なった「3つの心がけ」。

「自分の英語力に自信がない」と思っている人はたくさんいると思います。私もそのうちの1人でした。

しかし、そんな自信のなかった私が自信をつけられるようになった心がけが3つあります。それが、

1. 自分よりも英語ができる人と決して比べないこと
2. 過去の自分と比べて何ができているか？を考えること
3. 自分の英語に対して否定的なことを言わないこと

英語ができない、英語に自信がないという人に、私は今までたくさん出会ってきました。

そして気づいたのですが、英語に自信が持てないというのは、どうやら私たちの心が決めているだけで、英語を学んだ年数やレベルに関係がないようなのです。

それこそ、「私は英語に自信がないんです」「英語を習っているだなんて言えません」と言ってきた人の中には、英語を習いたての人から、英語を10年ぶりに学習しなおした人、語学留学を3年もし

ている人から英会話学校に10年通った人、さらに驚くべきことに、国際結婚をして英語をペラペラ話しているように見える人まで多種多様にいるのです。

英語の自信は、私たちが私たち自身の英語をどう考えているか？によるようなのですね。そして、日本人の私たちは「能ある鷹は爪を隠す」ということわざもあるように、謙虚さを美徳とするためか、自信を持って自慢するということがあまりないように思われます。

一方、私が海外で出会ってきた多くの人は日本語を話せると自信を持って言っていたのですが、彼らはあいさつ程度しか日本語が話せなくても、堂々と、「私は日本語が話せます」と言い切るのです。

彼らが話す日本語は、「こんにちは」「あなた素敵ですね」「美人」「美味しいよ」のような10フレーズ程度。それでも、彼らは堂々と日本語が話せますと言っています。

このことを私が海外の人から学んだ時、英語に対して抱いていた劣等感がふっと消えていきました。今まで、英語に自信がないと思っていた自分が完ぺき主義だったことがわかったのです。

そしてこんなことに気づきました。

英語に自信がなかった私は、常に自分よりも英語を上手に話しているAさん、Bくんと比べていました。

英語に自信がないという自分から、英語に少しずつ自信がついてきたという自分に変わるまでの違いは、実は精神的な心境の変化だったのです。

==英語に自信を持つこと、つまり自分に自信を持つためには、本当==

==は、昔の自分と比べて、これだけできるようになった、これだけ話せるようになったと考えることが大事だったのです。==

　このことに気づいてから、私は他人の英語と比べることがほとんどなくなりました。そして、自分がたどってきた英語の道のりだけを見ることができるようになりました。

　そして、「この英語表現がわかるようになったから自分は今日、昨日よりも少し賢くなった」「以前はこの英語が話せなかったけれど今は話せるようになった」と過去の自分に比べて英語ができるようになった自分を実感できるようになりました。

　そして遂に、自分の英語に自信が持てるようになったのです。

　また、「私は英語が下手くそだ」と考えることが何度となくあったとしても、絶対に口に出して言わないようにしました。自分が自分の一番の応援者なのですから、けなすよりほめることを意識しました。このことによって、英語に対して打たれ弱い自分が少しずつ自信を持てるようになってきたのだと思います。

　英語に自信をつける3つの心がけ、今日からあなたもぜひ実践しましょう。

💡ポイント

1. 自分よりも英語ができる人と決して比べないこと
2. 過去の自分と比べて何ができているか？を考えること
3. 自分の英語に対して否定的なことを言わないこと

[第7章] あなたの英語に自信をつける方法

> 3日坊主でも良い。
> 1mmだけでも前に進めたら良い。
> そんな自分をほめよう。

英語に自信をつける具体的な方法は、

1. 自分よりも英語ができる人と決して比べないこと
2. 過去の自分と比べて何ができているか？を考えること
3. 自分の英語に対して否定的なことを言わないこと

です。

今回は過去の自分と比べてどこが成長したか？を発見することを具体的にお伝えします。

英語学習が3日坊主で終わってしまった場合、3日坊主で終わったとしても、新しいことに挑戦したことをまずは認めましょう。そして、何か新しいことを実践したわけですから、良かった効果とそうではなかった効果があったと思います。

それがわかっただけでも、過去の自分よりも成長したことを認めてあげてください。

また、英語学習が4日続いたら、いつもは3日だったけれど、4日も続いた、と考えましょう。ポイントは、常に過去のできなかった自分を基準にすることです。

人によっては、そんな低い目標で自分を許すことはできない、認めることはできない、と考えてしまうかもしれません。ですが、この考え方が自分を苦しめてしまうことにもつながるのです。

　過去の自分を1歩と言わず、1mmだけでも超えて行く。これができるようになると、過去の自分よりもずっと前向きに物事を捉え、自信を持つことができるのです。

　自分を認めてあげることで、あなた自身が救われた気分になります。そして、さらに英語を勉強したい、話したいと思えるようになるでしょう。

　また、クリエイティブな発想もできるようになります。

「昨日の私はこれが話せなかったけれど、今日はこれを練習して話せるようになった。だから確実に進歩している。明日はこんな英語を練習して話せるようにしよう」

　このように目標が具体化し、最初は過去のあなたよりも1mmしか前進していなかったように思えて、1年後には信じられないくらい英語が話せるあなたに早変わりするのです。

　英語に自信をつけるには、あなた自身を信じることができるようになることが大切なのです。そのためには、毎日行なっているあなたの行動をあなた自身が認めてあげると上手くいきます。

　どうぞ、英語学習をして、努力しているあなたの姿を、あなたが一番ほめてあげてください。

　過去の自分というのは1分前でも良いのです。何かを学んでできるようになったら、すでに1分前のあなたよりも成長しています。

それを認めるようにしてください。この自分を認める行為が習慣化されることで、英語に自信をつけることができるようになります。

💡ポイント

1mmだけでも前に進めたら、そんな自分をほめてください。

4　[第7章]あなたの英語に自信をつける方法

> 約束を守った自分をほめよう。
> 約束を破った自分を許そう。
> これがさらに自信をつけることになる。

　「今日はこの英語の練習をするぞ」と決めて、それを守った時、私たちはすがすがしい気分になります。事前に決めたことをしっかり守るというのは非常に難しいことなので、それができる人は本当に素晴らしいです。

　でも、往々にして私たちは約束を守れないことがありますよね。

　例えば、「今日は夜、英語を勉強しようとしていたのに、飲み会が入ってしまってできなかった」というような場合です。

　そんな時は、そんな自分を許すことが大切です。これができない人が非常に多くいるのです。

「そうだよなぁ。やろうと思っていたんだけど、飲み会も大事だよな。そんな時は飲み会を楽しんで、そして明日は英語学習を楽しもう」

　このように、約束を破ってしまったあなたを許し、明日からは罪悪感などさっぱりなくして英語学習に取りかかれるようになったら良いのです。

　多くの人が、自分が決めた約束事を破ったことによる罪悪感に苦しんでいます。私自身がその経験者でした。

私の場合は、本屋さんに行って英語本を購入してきて、いざ学習したと思ったら1週間後には本棚にしまうだけになり、3カ月後にはその本をあえて見ないようにし、購入した時に決めた、「英語が話せるようになるために今回こそはがんばる」という約束を破った自分をどこか恥ずかしいと思っていました。

　しかし、そんな自分を許して、本を整理することによって新しい気分になり、英語学習を心機一転始めることで上手くいったのです。

　英語学習の約束を破ってしまった自分を責めて、あなた自身の自信を失ってしまったり、英語学習への意欲をそいでしまうのは、百害あって一利なしです。

　それよりも、約束が守れなかった自分を許し、罪悪感や恥ずかしさなど感じずに、本来の英語学習に戻してあげることが大切なのですね。

　英語を極めるには、長い道のりが待っています。でも、その道のりを苦しみながら行くのではなく、1歩1歩、成長を感じながら楽しんで行くと、やがてランナーズハイのようにたくさんの英語をペラペラ話しながら、余裕でその道を走っているあなたを発見することができるようになるのです。

第8章

帰国子女が学んだ過程を
日本でできるようになった

1 [第8章] 帰国子女が学んだ過程を日本でできるようになった

英語力をつける秘訣。
それは相手に通じる英語を話すこと。

　カナダ留学を終えて日本に帰国してから、「英語が話せるようになるための方法」をたくさんの人に伝えたいと思うようになりました。そのために、まずは私が学んできた英語学習法をまとめなくてはなりません。

　また、人に伝えるためには、シンプルにまとめる必要がありました。伝えることが多ければ多いほど相手は困惑してしまい、何から手をつけたら良いかわからなくなるからです。

　そこで、自分がどうやって英語を話せるようになったか、その過程を振り返ってみると、最初のポイントはズバリ、

相手に通じる英語を話すこと

　でした。

　相手に通じない英語を口にし、それを繰り返しても、結局通じないままで終わってしまいます。これでは英語を話したことにはなりません。しかし、相手が実生活で使っているフレーズを学び、それを相手に通じる発音やイントネーションで話すことができれば、英語はすんなり通じるのです。

通じる英語が話せるようになるための方法は非常にシンプルです。

それは、相手の言葉を真似することです。

例えば、"Nice to meet you." と言われたら、「ナ・イス トゥ ミー チュー」と真似します。

ここで多くの人がやってしまいがちなのは、相手が言った言葉を日本語の発音に置き換えてしまうこと、つまり、カタカナに変換してしまう、ということです。

すると、相手は「ちがうよ。"Nice to meet you." だよ」と再度正しい発音をしてくれます。そうしたら、カタカナに変換せず、相手の発音やイントネーションをそのまま真似するようにします。要するに、耳で聞いたままの音を真似するのです。

このやりとりが何度か行なわれると、相手にも通じる発音とイントネーションが出来上がり、相手は "Yes, that's right."（うん、その通りだ）と満面の笑みを返してくれます。

これは、私がまとめた英語学習法の究極のポイントであり、一番大事な部分です。

相手に通じる英語を話す。それは、相手が実際に生活で使っている英語フレーズを学び、それを相手の発音やイントネーションそのままに真似することです。

ちなみに、私の友達に日本語が堪能なカナダ人がいますが、その友達に新しい英語を教えてもらう時も、これと同じことをしています。

私　　　　：「遠慮しないで」って英語ではどう言うの？
カナダ人の友達："Don't hold back." って言うよ。
　　私　　　　：ドントホールドバック？
カナダ人の友達："No. Don't hold back." だよ。発音とイント
　　　　　　　　ネーションに気をつけて。
　　私　　　　："Don't hold back."
カナダ人の友達：そう。それなら通じるよ。

　このように、相手が実生活で使うフレーズを教えてもらい、それを相手に通じる発音とイントネーションで話せば、すんなり伝わるのは当然です。

　この方法は、私たちが日本語を学ぶ際に、同じように行なってきたことに他なりません。

　私たちが子どもだった頃、どのように日本語を学んでいたかを考えてみると実感が湧くでしょう。

　例えば、こんな具合です。

子ども：「ママ、"とうもころし"食べたい！」
ママ　：「"とうもろこし"食べたいでしょ？」
子ども：「うん。"とうもろこし"食べたい！」

　こうして私たちは相手に通じる日本語力を身につけてきたのです。こんなさりげない日常会話の中にも、英語力をつけるための秘訣が隠されていました。

　つまり、英語力をつける才能は、すでに私たちは生まれながらにして持っているのです。

語学学習では、相手に伝わるように話すことが最も大切です。それを効率良くトレーニングすることで、短期間でも英語が話せるようになります。

　このことがわかってから、私の中に新たにチャレンジしてみたいことが出てきました。ふとこんなことを思ったのです。

「私がまとめてきた学習法であれば、帰国子女が英語力 0(ゼロ) から話せるようになったように、単語も文法も知らない言葉が短期間で話せるようになるかもしれない」

　そして、その機会が訪れます。インドネシアのバリ島に仕事で行く予定ができたのです。

　私は自分の考え出した方法を利用して、実験を開始しました。「出発までの 90 日以内に、インドネシア語を日本にいながら話せるようにする」という実験です。しかも帰国子女が置かれた環境と同じ環境に自分を置きました。つまり、語学学校に通わず、インドネシア人のチューターからも学ばない、と決めたのです。

　その結果はどうだったか。私はインドネシア語をたった 90 日間で話せるようになりました。実験は成功しました。

　これで、帰国子女が学んだ基本的な過程は日本でもできるんだ、ということがわかったのです。では、どんな方法で学んだのか？それを次の項目で公開していきます。

💡 **ポイント**

相手に通じる英語を話すことが、英語力をつける秘訣。

2 [第8章] 帰国子女が学んだ過程を日本でできるようになった

バリ島の人もびっくり！インドネシア語がわずか90日以内で話せるようになった。

　日本に帰国してから英語を教える仕事を始めるようになって、より効率的に早く英語を話せるようになる方法を追求するようになりました。

　「もしかしたら、私が体験してきたことを体系化すれば、帰国子女のように、短期間で英語を話せるようになるのではないか？」と考えるようになったのです。

　このように考えている時に、たまたまインドネシアのバリ島に行く機会が舞い込んできました。その出発日はなんと90日後でした。

　これは私のメソッドを試す絶好の機会だと考えました。インドネシア語を、文法・単語など一切の情報を知らない状態から、90日後インドネシア人と話せるようになったとしたら、それはすごいのではないか？と考えたのです。

　そこで、以下のように目標を決めました。

「日本にいながらにしてインドネシア語が話せるようになること。具体的には現地のインドネシア人に私のインドネシア語が通じて、上手だね！とほめられたら、それはクリアしたと認める」

また、この目標を達成するにあたってルールを設定しました。

* インドネシア語に関しての学習本は 1 冊だけ購入して良いこと
* オンラインも含め、語学学校に通ってはいけないこと
* 1 日の学習時間は最長でも 3 時間とすること
* 私が帰国子女から聞いた方法である、Listening → Speaking → Reading → Writing の順番で勉強すること

…以上です。

まずはインドネシア語の学習本探しです。当時、私が行った本屋さんには、インドネシア語の本がたった 4 冊しかなく、そのうち CD が付いていたのは次の本だけだったので、こちらの本を購入しました。

『新装版 CD 付インドネシア語が面白いほど身につく本』
(中経出版／ドミニクス バタオネ・近藤由美)

新しい言葉を話すために一番大切なのは、通じる発音です。これができるようになるために必要なものはネイティブの音声になります。そのため、CD 付きの本を購入しました。

それでは、この本を使って私がたった 90 日でインドネシア語を話せるようになった方法を具体的に書かせていただきますね。

まず Listening → Speaking → Reading → Writing の順に学習するため、最初の Listening → Speaking の段階では、文字から言葉を学びませんでした。ここが最大のポイントです。文字を見てしまうと、ローマ字読みのようになってしまうため、正確な発音からずれてしまい、いくら勉強しても結局通じないと悩む原因になってしまいます。最初はもっぱら CD の音を聞きました。

また、インドネシア語の音を正確に聞きとるためにヘッドフォンを使いました。そして、実践的に使えるあいさつや日常会話フレーズをメインに学びました。

　英語を身につける過程で学んだことなのですが、英単語・発音を単独で学んでいても、それだけで話せる訳ではなく、実際に会話で話すのはフレーズです。そこで、最初から日常生活で使えるフレーズで、発音やイントネーションを含めてすべて学んでいった方が効率的なのではないか？と考えたのです。

　そこで、日常会話フレーズが収録されている部分だけを音楽プレーヤーに録音して、毎日5分程度の音声にまとめ、それだけを何度も聞き流しました。

　1日分で聞く音声の長さを短くすることによって、初めて聞く音に次第に慣れていくことができました。

　1週間ほど経つと、聞いていた音に慣れて、少しずつ口ずさむことができるようになりました。ちょうど、CMの歌を少しずつ口ずさむことで歌えるようになる感覚で、インドネシア語の短いフレーズは言えるようになり始めました。

　インドネシア語を学んでいる時に常に考えていたことがあります。それは、どうやったらインドネシア語を忘れないでいることができるだろう？ということです。英語でも、「頭の中が真っ白になってしまって、勉強したことが出てこない」という状況になることが、学び始めた頃にしょっちゅうあったからです。

　そこで、私は考えました。

「すでに知っているものと知らないものを結びつけると理解が早いし忘れにくい」と気づいて、インドネシア語と私にとって身近なことを結びつける作業を行なったのです。

　具体的には、「1時間→サトジャン」と発音されていたので、「サトジャンって友人のさとちゃんみたいで面白いなぁ。インドネシア語ではサトジャンって1時間のことなんだぁ」と印象づけてみました。

　すると、これが予想以上に効果を発揮し、強烈に記憶に残るようになりました。

　また、インドネシア語の中で共通していることを見抜いて、自分なりに音声だけから文のルールを見つけ出してみました。例えば、

　これは何ですか？ "Ini apa?"
　あれは何ですか？ "Itu apa?"

　…とあった時に、日本語の「何」にあたるのは、もしかして "apa" っていう言葉で、"Ini" は「これ」、"Itu" は「あれ」なんじゃないかな？ と音の中から理解し始めました。

　すると、〈これは銀行です。Ini bank.〉と音声が流れてきた時に、なるほど、"Ini ＋ bank." で「これは銀行です」という意味が作れるんだぁ、と文の作り方に納得できるようになりました。

　そして、自分自身で見つけ出した文のルールや意味は忘れにくくなることがわかり、これを続けることで、1カ月半後には基本フレーズがほとんど話せるようになってしまいました。

　この状態になった時に、たまたまインドネシアに電話してアク

ティビティを予約する機会がありました。このせっかくのチャンスにインドネシア語を話してみたい、と思いました。

そこで、現地のインドネシア人が出たら、「こんにちは。私は日本人です。あなたは日本語を話せますか？」と聞いてみることにしました。私の心臓はドッキドキです。何しろ、通じるという保証が全くなかったですし、電話で話すのは、面と向かって話すよりもずっと難しいことを知っていたからです。

プルルルル…という音がいつもよりも長く感じられました。そして、お店の名前をあちらが言うのを聞いた後、先ほどの日本語をインドネシア語で話してみました。すると、「ちょっと待ってくださいね」と言って日本語が話せるインドネシア人のスタッフと変わってくれたのです。

「通じた！」私の中で、不安が自信に変わりました。

これまでの勉強の仕方で間違っていなかったんだ。
発音は CD を聞いて真似しているだけでも十分に通じるんだ。

こう思ったのです。

そこから残りの 1 カ月半、参考書の中に載っているけれどまだ覚えられていないインドネシア語を覚える作業を始めました。エクセルに 300 フレーズ以上のインドネシア語を記載して覚えていきました。

この時になって初めて行なったのが、Reading → Writing の作業です。

インドネシア語の文字を初めて参考書を開いて確認し、それを書

き始めました。

　発音と文字を合わせることによって、この文字がこういった発音になるんだ、と確認しながら学ぶことができました。インドネシア語の発音がすでに発声できる状態で文字と合わせることによって、発音のパターンを読み解くことができ、音声がない例文などもエクセルにまとめて、通じる発音で発声することができるようになりました。

　こうして、3カ月の学習期間を経て、インドネシアのバリ島に向かいました。

　最初はドキドキしていたのですが、まずはあいさつをし、自分が知りたい情報（おいしいレストランや両替、トイレの場所を聞く、価格を聞くなど）を聞いてみると、改めて自分のインドネシア語が想像以上に通じたことにびっくりしました。

　そして目標であった「インドネシア人に、インドネシア語が上手ですね」と言ってもらうこともでき、日本にいながらにしてインドネシア語が話せるようになることを証明することができたのです。

　ただし、インドネシア語は世界的に見ても比較的身につけやすい言語であること、英語とはやはり違う言語であることも考え、もっとこの方法を極める必要があると、新たな目標ができたのでした。

3 [第8章] 帰国子女が学んだ過程を日本でできるようになった

私はこうして80日以内でアラビア語が話せるようになった。

　インドネシア語を話せるようになったら、次はアラビア語です。いろいろなウェブサイトで語学に関する情報を調べていると、アラビア語は習得が難しい言語であることがわかってきました。

　私の中で、さらにこんな思いが浮かび上がってきました。

「もし、習得が非常に難しいと言われるアラビア語の習得に私のメソッドが通用すれば、さらに確信を持つことができるはずだ！」

　こうしてアラビア語を短期間で習得する挑戦が始まりました。

　まずは、長期の休みを利用して、UAEのドバイへ行くことにしました。ドバイを選んだ理由は2つありました。

　1つめは、アラビア語が通じるか？を確かめるためです。2つめは、ドバイで話されている英語に関心があったからです。

　ドバイの公用語はアラビア語と英語です。ドバイでは外国人労働者が8割を占めていて、英語が母国語ではない人がほとんどなのです。しかし、仕事の場では英語が使われています。

　ドバイで使われている英語のレベルを知ることができれば、私た

ちの英会話学校が目指すべき英語のレベルを考える参考になると考えました。

ドバイに旅立つ日まで、学習期間は約80日間でした。

ただし、今回は2つ難題がありました。

1つめは、学習開始時点でアラビア文字が一切読めない、書けない状態だったことです。インドネシア語は英語のアルファベットと同じ文字で成り立っているため、文字を練習する必要は一切なかったのですが、アラビア語はアラビア文字であるため、学習を進めるにあたっては、この問題をある程度解決する必要がありました。

2つめは、途中にTOEICテストが控えていることでした。私は当時、TOEICテストで900点以上を目指していたので、テスト直前の1カ月は真剣にTOEICテストの勉強をしたいと考えていました。そのため、この期間はアラビア語を学習できないという問題があったのです。

この2つの難題を抱えながら、私のアラビア語学習はスタートしました。今回もインドネシア語を学ぶ時と同じようにルールを決めました。それは、日本で参考書だけを使って独学で学ぶことです。

それでは、私がどうやってアラビア語を80日以内に話せるようになったか、その方法を公開します。

■教材選び

まずはネイティブが吹き込んだアラビア語と、その日本語訳が収録されているCD付きの本が必要でした。そこで、参考書として

『CD付アラビア語が面白いほど身につく本』（中経出版／アルモーメン アブドーラ）と『CD BOOK はじめてのアラビア語』（明日香出版社／佐川年秀）の2冊を購入しました。2冊にした理由は、1冊では海外旅行で使えそうな日常会話フレーズが少ない印象を持ったためです。

次に、参考書の音声を音楽プレーヤーに入れて、いつでもどこでも聞くことができるようにしました。

この時、注意すべき点があります。アラビア語の単語だけが収録されているものは音楽プレーヤーには入れません。例えば「シャーイ ＝ 紅茶」のように単語だけが収録されているものです。必ず、フレーズになっているものを選択し、音楽プレーヤーに入れました。今回もこの音楽プレーヤーに入れてから約1カ月間は、参考書は一切見ずに音声だけで学びました。

■音声の聞き方

音声の聞き方はインドネシア語を学んだ時と同じです。まずは全体の音声を7日間（1週間）で割ります。すると、1日あたりの分量になりますが、全体の分量が35分くらいでしたので、1日分は約5分ほどになりました。

1日の間にこの5分の音声を何度も何度も繰り返し聞きます。次第に音声に慣れてきたら、少しずつ音声に沿って真似し始めます。

1カ月の間に月曜日は4回ほどありますので、月曜日の分を集中して聞くのは月の中で4回だけになります（基本的には月曜日に聞いた音声は次の日は聞きません）。1回目の月曜日が終わると、次に同じ音声を聞くのは1週間後になります（ただし、収録音声

を35分ずっと聞き流すこともあります）。

スピーキングで一番大事なのは、相手に伝わる発音とイントネーションを手に入れることです。そのため、精一杯自分の声がCDの音声に似るように練習します。必ずヘッドフォンやイヤフォンを使用しました。

■音声を聞いている中で学びとること

2つ行なうことがあります。

1つめは聞こえてきたアラビア語がどうしたら覚えやすくなるか、を常に考えることです。

会話の中では思いついたらすぐに言葉を話す必要があります。参考書を見ながらは話せません。そこで、日本語が流れてきたら、アラビア語を聞かなくても発話できるように覚える工夫をします。

例えば、CDから「疲れました」"アナタァバーン"という言葉が聞こえてきたら、タァバーン→食べない、と勝手に考えて、食べないから疲れているのだ、と覚えます。すると、次に「疲れました」と日本語の音声が流れてきたら、すぐに"アナタァバーン"と言えるようになります。

ポイントは、自分にとって覚えやすいかどうか、です。私にとってはこの方法が最も早く覚えられましたが、皆さんが行なう時には、一番記憶に残りやすい覚え方は何かを考えて、工夫してみてください。

2つめは、アラビア語音声の中に隠れている共通点を探すことです。例えば、「サハラホテルはどこですか？」→"アイナ フンドゥ

ク サハラ"、「あなたはどこにいるのですか？」→ "アイナ アンティ" という2つの音声を学んだとします。この2文に共通している日本語は「どこ」で、それはアラビア語の "アイナ" に該当することがわかります。

他にも、「私はお腹がすきました」→ "アナ ジャーイァ"、「私は喉が渇きました」→ "アナ アトシャーン" とあれば、「アナ ＝ 私」であることがわかります。

この気づきが非常に大事です。自分で気づいたことは忘れないからです。忘れないということは、話したい時に話せる、ということです。それはつまり、参考書が要らなくなる、ということです。

このように単語や文法の意味が最初は全くわからなくても、共通点を探すことで、アラビア語の単語の意味が次第にわかり、文法のようなものが見え始めてきました。

■覚えたアラビア語フレーズを日常生活の中で使っていく

2〜3週間もすると、次第に日本語フレーズを聞いたらすぐにアラビア語フレーズが発せられるようになっていきました。そして、話し慣れたアラビア語は、日常生活の中で積極的に使っていきました。

もちろん、周りにアラビア語を話せる人はいないため、独り言になります。ですが、ドバイに行った時の仮想世界を自分で作り上げて、目の前に人がいると想定しながら発話の練習を始めました。

■覚えたフレーズをつなげていく

覚えたアラビア語フレーズの中には、意味がつながるフレーズも

あります。それを自分なりにつなげてみます。

例えば、「お腹がすいた。すみません。シシケバブをください」という3文はつなげることができると思ったので、こうしてみます。
"アナジャーイァ、アフアン、シーシーカバーブミンファドゥリカ"

このようにフレーズの中でつなげるものはつないで練習します。

学習を開始して、ここまで約1カ月が経ちました。そこで、1カ月間の成果を測ろうと、何も使わずにアラビア語のフレーズをいくつ言えるかテストしてみました。

すると、42フレーズが話せました。このままインドネシア語で使ったような方法を使えば、200フレーズや300フレーズが覚えられるようになります。

また、海外経験が豊富な友人にアラビア語を学習していると言うと、発音してみてと言われたので発音してみました。すると、本格的に学んでいるんだな、上手だよ、と言ってくれたのです。こうして、自分の発音に自信が持てるようになりました。

しかし、ここから先に難題が待っていました。

インドネシア語ではアルファベットが使えたので、アルファベットを使って300以上のフレーズを覚えていきました。しかしアラビア語はそういうわけにはいきません。私はアラビア文字が一切読めないし書けない状態だったからです。

ここからは、どうしてもアラビア文字が書けるようになることが重要だと考えました。アラビア文字が書けることで、発音もイントネーションもきれいになると信じて疑っていなかったからです。

しかし、時間がありません。どうしようか迷いました。迷うこと1週間。この間、運営している英会話学校がちょうどハロウィンの期間に入り、勉強がまともにできない状態になりました。

さらに追い打ちをかけるように、TOEICテストが3週間後に迫っていました。模擬テストでは120分のテスト時間、集中力が続かず、あえなくリスニングのテストだけでやめる始末でした。これでは到底TOEICで900点は取れません。本格的にTOEIC用の勉強をする必要がありました。

この2つの難題がアラビア語の習得を困難にさせていきました。

■アラビア語の文字を2日でマスター

TOEICテストを受けるために、しかたなくアラビア語の学習を中断しました。そしてTOEICテストが無事終わり、学習を本格的に再開しました。

先述したように、アラビア語をさらに上達させるには文字の習得が不可欠だと考えていた私は、ついにアラビア文字の読み書きの学習に踏み切りました。

英単語を短期間で大量に覚えるコツを心得ていたので、結局は2日ですべての文字を覚えてしまいました。

その方法は次に示すとおりです。

1日目。アラビア語のアルファベットは30文字しかないので、30文字を徹底的に学びました。しかし、1文字1文字丁寧に学ぶことはしませんでした。勢いよく10文字ずつ覚えていきました。

1文字ずつ覚えていると、10文字覚えた時には最初の1文字目などはすっかり忘れてしまいます。しかし、10文字ずつ30文字一気に覚えていくと、なんとなくすぐに覚えられるものとなかなか覚えられないものがわかります。そこで、なかなか覚えられないものだけに時間をかけることにしました。

　これで大体8割くらいを覚えてしまいました。

　2日目、前日に覚えた30文字のアルファベットを復習しました。昨日できなかったところも2回目ですので、少し簡単になりました。

　そして、今度は英語の筆記体のように文字がつながっていく部分を学習します。これが相当大変でした。書くことができても、お手本がないと書けなかったり、書くことに非常に時間がかかるからです。

　この時点で、パソコンのキーボードもアラビア語入力ができるようにしました。

　しかし、アラビア語入力には時間がかかりました。手書きでもアラビア語を速く書けるわけではありません。インドネシア語で使えたコツがここでは使えませんでした。

　そこで、文字が書けなくても、アラビア語のフレーズをたくさん使いこなせるようにするために、新しい本を購入しました。『CDブック　これなら覚えられる！　アラビア語単語帳』(NHK出版／師岡カリーマ エルサムニー)です。この本は、初級者よりも少し高いレベルの本です。この中で、言いたいものだけを抜き出し音楽プレーヤーに入れました。しかし、日本語訳が収録されていなかったため、日本語訳を自分で収録しなくてはならず、非常に大変でした。

そうこうする中、アラビア語の数字を 1 〜 100 まで覚えます。

　最後の 1 カ月は最初の 1 カ月の出足の良さとは対照的な 1 カ月でした。しかし、語学は現地で上達するものであることは英語とインドネシア語でわかっていました。最低限のことは日本でできたと割り切り、ドバイの地へ向かいました。

■ドバイの地でアラビア語を学び、話す

　「80 日でアラビア語が話せるようになる」という目標を持ち、アラビア語学習をスタートさせたのですが、その結果はどうなったのか？ 現地でも私が話すアラビア語はほとんどの人に通じました。

　今回は成功した部分と失敗した部分がありましたが、最初の 1 カ月のアラビア語の学習は成功したと言えると思います。つまり、日本にいながら参考書だけでアラビア語は話せるようになる、ということです。

　大事なことは、次の 2 つです。

- ■相手に通じるアラビア語を話せるようになること
- ■相手から学んだアラビア語を真似して言えるようになる基礎をつくること

　この 2 つは日本にいながら自宅でも十分可能であることが今回の実験でわかりました。

　以上がアラビア語を日本にいながらにして 80 日以内で話せるようになった方法です。

4 [第8章]帰国子女が学んだ過程を日本でできるようになった

私はこうして難しいフランス語を62日以内に話せるようになった。

インドネシア語、アラビア語と話せるようになって、次はもっと短期間で英語に似た言語を話せるようになることはできないだろうか？と考えました。

と言うのも、私自身が本書を執筆するにあたり、英語を学び始めた人や英語が話せるようになりたい人との距離をもっと近づけたいという思いがあったためです。

発音が少し難しく、日本語とは文法が違っていて難しい言語に挑戦することで、英語が話せるようになりたい人が短期間で英語を話せるようにするためにはどうすれば良いのだろうか？ 同じような立場に身を置くことができるのではないか？と考えたのです。

そこで選んだ言語がフランス語でした。

私の友人からは高校で3年間フランス語を学んでいたけれど、「ありがとう」や「こんにちは」くらいしか話せるようにならなかった、私の妻からも2年間フランス語を学んでいたけれど、男性名詞や女性名詞があって文法も難しく、全く話せるようにならなかったと聞いていました。

そこで、英語に少し似ていて、かつ文法が複雑なフランス語を本場パリで通じさせることができれば、私自身のメソッドが改めて有効であることがわかると思ったのです。

フランスに行くまでの日数は62日です。

また、1カ月後にはオンラインでネイティブの先生とフランス語で会話するという無謀な挑戦も行なうことに決めました。つまり、最低限のフランス語は30日で話せるようにならなくてはいけない、という目標設定です。

まずは参考書選びです。「日常生活で実際に使えるフランス語フレーズがたくさん含まれているもの」をメインに選びました。

選んだのは、『CDを聞くだけでフランス語が覚えられる本』(中経出版／鈴木菜穂子) です。このCDの長所として、実用的なフランス語が収録されていました。

実践方法はいつも通り、最初は文字を見ずに音だけ真似する方法を取りました。

収録されている78trackある音声を1日あたり15トラックずつ聞き、話せるものは真似して話す練習をしました。私はiPhoneを持っているので、iPhoneのiTunesに入れてイヤフォンをして聞いて発声していました。

1日目は1-15トラック、2日目は16-30トラック、3日目は31-45トラック、4日目は46-60トラック、5日目は61-78トラック、6日目はまた1-15トラック、7日目は16-30トラック…のように聞いていきました。

すると7日目ではウィ、ノン、メルシー、サヴァ、サヴァビエンのような短いフレーズが少しずつ真似して言えるようになってきました。16日目までで同じ部分を3周しました。ここまでは文字を一切見ずに行ないました。

　17日目は文字を見ながら書いて覚えることを始めました。もちろん1日に聞くトラック数は15トラックずつです。

　ローマ字は書けるので、後はフランス語特有のスペルを重点的に覚えながら、音声と文字を合わせる作業を行ないました。

　そして、Siriを使ってフランス語の発音を確認したのですが、どうしてもrの発音が上手にできません。

　そこで、rの発音の方法を調べると、rは舌先を下の歯の後ろにつけると書いてあったのでその通りにすると、Siriも反応して、上手に発音できるようになりました。

　『CDを聞くだけでフランス語が覚えられる本』とは別に、もっとフランス語会話的なものが欲しかったので、28日目からは、オンラインの教材を使用しました。それが、

http://www.bibibobo.net

　です。こちらには簡単なフランス語会話を身につけるための情報がたくさんあって便利でした。

　そしていよいよ31日目、フランス語会話をオンラインでフランス人の先生と行なう場面がやってきました。

私のフランス語はどのくらい通じるのでしょうか？

…。

実は発音はかなり通じたのですが、会話にはなりませんでした。なぜなら学んでいた本に収録されていたフランス語フレーズが海外旅行者向けだったので、日常会話での質問があまり収録されていなかったからです。

そこで、英語を少し用いながら、「こう言いたい時はどのように言うのですか？」とフランス語を英語で学ぶことになりました。

これで、25分の授業は終わります。

ネイティブのフランス語が学べたのは良かったのですが、まだまだフランス語の文法と会話の流れがわからなかったので、これは対策が必要だと実感し、文法は『ステップ30 1か月速習フランス語（CDブック）』（日本放送出版協会／六鹿豊）を、会話の流れは『フランス語会話 厳選パターンフレーズ80』（国際語学社／松下彩子・土屋良二）を購入し、文法と会話を理解しようとしました。

『CDを聞くだけでフランス語が覚えられる本』のおかげで、基本的なフランス語はほとんど理解していたので、どちらの参考書もスムーズに取り組むことができ、文法は10日間の間に4回読みこなしながらフランス語の音声を勉強しました。

文法は言葉を使いながら学ぶとより理解しやすいということを再確認しました。

文字だけの勉強だと頭を使ってもどうしても理解できないのですが、すでに自分が話せていることがこのルールで成り立っているの

だ、と後づけで文法を理解することで、すんなりと理解が進んだのです。そして、この本のおかげで大体の文法を理解することができました。

ここで、インドネシア語やアラビア語では文法は音から自分で見つけ出して理解していたのですが、フランス語は文法が複雑だったためか、なかなか法則が理解できませんでした。『ステップ30 1か月速習フランス語』を購入して本当に良かったと実感しました。

やはり文法は、短期間で言語を話せるようになるためには必要だと考えを改めるきっかけにもなりました。ですが、順番は必ず最初に音で学び、ある程度話せるくらいになってから、文法を学ぶということです。

また、DokiというiPhoneアプリをたまたま見つけました。こちらはホテルやスーパー、洋服屋さんでの買い物のやりとりがリアルに学べて非常に良かったです。

このような学習を通して、最後の5日になった時、本当に現地で使いたいフランス語に絞って音声を選出し、iPhoneに取り込んで、それを重点的に何度も何度も練習しました。

そしていざフランスへ。

最初のホテルのチェックインから、朝食のウエイトレスさんとの会話、お店の店員さんとの会話、街行く人との会話などなど、あらゆる場面で私のフランス語は通じました。

もちろんわからないフランス語もたくさんありましたが、大方、私のフランス語は現地の人に通じたため、60日しか勉強していな

いことをお伝えすると、"Très bien." とびっくりされました。

　フランス語も、自宅にいながらにして独学で話せるようになる、しかも **62** 日という短期間で、かつ仕事をしていても！ということが実証できたのでした。

5 [第8章]帰国子女が学んだ過程を日本でできるようになった

> 言葉を話すのは相手のため。
> このように考えれば英語は話せる
> ようになる。

言葉を話すのは相手のため。そう考えると上手くいきます。

私が過去に英語を話せなかった理由は、私の中の頑固さが邪魔をしていたからでした。例えば、「私の英語の発音や文法が完ぺきでなければ話したくない。間違えたら恥ずかしい」という気持ちが邪魔をしていました。

しかし、私が最初にフランス人留学生に英語で話しかけた時、私は酔っ払っていてその頑固さがなぜか取り払われていました。ただひたすら話しかけてみたい、相手とコミュニケーションをとりたいという気持ちでいっぱいで、英語を話して間違えるという恐怖よりも、相手と会話をして知り合いたいという気持ちが勝っていました。

しかし、お酒が入っておらず、いつもの頑固さが前面に出ていた桜木町デートの時は、私は英語が全く話せませんでした。

この教訓から、私は英語を話すのに間違えるのは当たり前、と割り切って話すようになりました。そして、笑顔で下手ながらでも話してみると、相手も私が一生懸命に英語を話そうとしていることを認めて、受け入れてくれるようになったのです。

さて、日本は1000万人以上の外国人観光客が訪れる観光大国になりつつあります。そして外国人観光客の数は毎年伸びています。あなたと外国人観光客が接する機会も増えてくるかもしれません。

　ここで、外国人観光客の立場になって考えてみてください。地図を見ながら行きたい場所を探しているのですが、あなたは30分以上も迷っています。そして、やっとの思いであなたが話しかけた時に、「私は英語が話せません」と言われてしまったとしたら、どうでしょうか？

　"I can't speak English."（私は英語を話せません）と言われるのではなく、相手が言葉は上手でなくても一生懸命親切に教えようとしてくれたとしたら、どちらがうれしいでしょうか？

　それでも、間違えた、通じなかったと考えると、気持ちが沈んでしまうかもしれません。そんな時は、この英語は通じない、ということがわかった、と開き直りましょう。そして口に出して言いましょう。「この英語は通じないのかぁ。面白いなぁ、英語って」と。

　こう口に出すことによって、ストレスが解消されますし、間違えたこと・通じなかったことがどうでも良くなります。

　==大事なのは、英語を話す目的は、あなたを傷つけることではなく、相手と意思疎通をするためだということです。==

ポイント

言葉を話すのは相手のため。

6 [第8章]帰国子女が学んだ過程を日本でできるようになった

「気づいたノート」をつけよう。そのサンプルをお見せします。

　インドネシア語やアラビア語を聞いている間、私は共通点を見出したり気づくことが非常に多かったのですが、それは決して私の洞察力がすぐれていたからではありません。この気づきの力は「気づいたノート」をつけることで養われたと思っています。

　英語を学習している時、どんな英語を使うと相手は喜ぶのか？どんな英語を使うと、より長く話せるのか？などなど、様々なことに気づいたのですが、これは「気づいたノート」をつけていた成果だったと思っています。

　「気づいたノート」とはその名の通り、気づいたことを書くノートです。内容は英語だけではありません。本を読んだり、友達と話した時など、日常生活の中で自分が気づいたことを自由に書きます。

　例えば、先に図書館の女性を笑顔にした話を紹介しましたが、これも、「相手がムスッとしているのは自分の顔がムスッとしているからだ」と気づいたからです。このことはもちろん「気づいたノート」にしっかり書きました。

　英語についても、先生は、"What I want you to do is ..."（私があなたがたにしてほしいことは〜です）と良く使うなぁ。こ

れ、メモしておこう、とか、"You like dogs, right?"のように", right?"を最後につけると、「〜だよね？」のような意味になるんだ、と気づいたら、それを「気づいたノート」に書いていました。

「気づいたノート」の良い点を4つ紹介します。

1つめは、自分が思いつくままに自由に書くので、とても楽しく気分がリフレッシュできることです。何かの本で読んだのですが、自分の考えていることを書き出すのはストレス解消にもなるそうです。

2つめは、内なる気づきをノートに書き出すという作業は、インプットした情報をアウトプットすることなので、忘れにくくなります。さらに、面白いことや楽しいことを書き出すようにすると、それを友達に話したくなります。友達に話すということは、さらにアウトプットすることになるので、より忘れにくくなります。この良い連鎖によって、英会話の場で思い浮かんでくることが増え、さらに英語が話せるようになります。

3つめは、「気づいたノート」に自分の考えを書く際に一度まとめるので、人前で話す時には、推敲された状態で話すことができるようになります。そのため、思いつきで話すのに比べて、話に筋が通っていて、話し上手に見られます。さらには、今日のニュースや日常生活で感じたことなどを書くことで、人と話をする時に豊富な話題で話すことができ、楽しい人だと感じてもらえます。

4つめは、「気づく」が「学び」につながることです。気づいたことを実践すると、それが「学び」となって深まり、あなたの人生に必ずプラスになります。「気づいたノート」を実践していくことで、あなたの英語やその他日常生活が行動と共に変化していきます。

ほかにもたくさんの利点があると思いますので、「気づいたノート」はぜひ実践してみてください。

　実践方法はいたって簡単です。ノートに気づいたことを自由に書いていけば良いのです。私の場合は、無印良品の白紙ノートを使って自由に書いていました。

　「気づいたノート」を書く際には、注意点が3つあります。

　1つめは、日付を書くこと。いつ気づいたか？を書いておくことによって、自分の英語の成長だけでなく、自身の成長もわかりやすくなります。

　2つめは、通し番号を書くことです。私の場合は、「気づいた①」「気づいた②」のように書いていきました。番号が増えていくことによって、実践しているんだ、という実感が湧き、それが続けるためのモチベーションにつながります。

　私の場合は「気づいた100」や「気づいた500」といった節目の時には、がんばっていることへのご褒美を自分にあげていました。そして、「気づいた500」を超える頃には、英語での気づきが増えてきて、英語力が伸びていくのがわかりました。本書で紹介している「2段階学習法」や「＋αをつける学習」なども気づいたノートがあったからこそ行なえたものです。

　3つめは、最初は英語のことだけを書こうとしないことです。書き始めた頃は、何を書いたら良いのかわからなかったり、英語に関する気づきも少ないかもしれません。私も、最初は英語学習のために「気づいたノート」を書いていたわけではありませんでした。

何を書いたら良いかわからない人のために、以下にサンプルを書いておきますので、参考にしてください。

気づいたサンプル ①

そういえば、今日の夜ごはん、何にしようかな？と考えていたら、焼きそばにカレーをかけると美味しいってテレビで放送されていた。スーパーで焼きそばとカレーを買ってやってみよう。

気づいたサンプル ②

「いつやるの？ 今でしょ！」ってテレビで林先生が言っていたけど、本当にそうだよな。ダイエットしようとしても、いつもいつか痩せたらなぁって思っているだけだ。いつやるかっていったら、今からが本当に大事。今日からダイエットしてみよう。

気づいたサンプル ③

going to = gonna って書くこともあるんだ。だから、発音もゴナのようなガナのような発音になるのか。それでは、ガナって発音してみよう。

気づいたサンプル ④

好きなことって「また」したいって思うことなんだって本で学んだ。自分にとって「また」したいことって何だろう？ 英語を勉強することは「また」したいことかも。だから、英語は好きなんだよな。他にも探してみよう。

気づいたサンプル ⑤

ドラマで、「それについては夕食を食べながら話そう」と言う時

に、"Let's talk about it over dinner." と言っていた。「夕食を食べながら」は、"over dinner" って言うんだって気づいた。早速使ってみよう。

　などなど、どんなことでも大丈夫です。文の最後は、気づいたことを実践するように「〜してみよう」とポジティブに書き終えてみてください。より一層行動を起こしたくなると思います。

　次第に気づくことが増えていくと、それに比例して、英語に関しても気づきが多くなると思います。英語に関する気づきが多くなってくると、それを実際に英会話で使うことで、英語力はいっそう伸びていきます。

　「気づいたノート」を書くことで、あなたにとって本当に役に立つ気づきがたくさん生まれてくると思います。ぜひ実践してみてください。そして、あなたの人生がより楽しく、充実したものになることを願っています。

実際に著者が書いていた「気づいたノート」→

> **ポイントのまとめ**

- ■ 英語で恥ずかしい失敗を30個してみよう。

- ■ 1. 自分よりも英語ができる人と決して比べないこと
  2. 過去の自分と比べて何ができているか?を考えること
  3. 自分の英語に対して否定的なことを言わないこと

- ■ 1mmだけでも前に進めたら、そんな自分をほめてください。

- ■ 相手に通じる英語を話すことが英語力をつける秘訣。

- ■ 言葉を話すのは相手のため。

エピローグ

一寸先は光。
明日は必ず上達すると信じよう。
あなたはもっと英語が話せるようになる。

　なかなか英語が話せなかったり、聞きとれなかったり、結果が出なかったりと落ち込むことってありますよね。そして、ふとした時に、自分の努力が水の泡になっているのではないか？と感じてしまうこともあると思います。

　わかります。私の英語人生にも、何度も何度もそんな場面が訪れました。

　そんな時、立ち上がるために、この言葉を最後に送らせていただこうと思います。落ち込んでも、明日は来ます。そんな時、前に進むために、あなたに前向きになっていただけたらと思っています。

　英語の勉強、今回はたくさんして、いっぱい理解してきましたね。それでも、英語が思い通りには話せなかったかもしれません。

　どんなにがんばっても上手くいかない時ってありますよね。

　そんな時はどうしようもない気持ちになります。そんな時は私にもあります。

　あれだけがんばったのにどうして？　イライラするかもしれないし、気持ちが落ちこんでしまっているかもしれません。

　今日はおそらく勉強することはないかもしれないけれど、普段我

慢していたことをたくさんしてください。

　ゲームをしても良いし、お風呂に長く入っても良いし、アイスクリームを 5 個食べたって良い(笑)

　そしてめいっぱい、自分ががんばったことをほめてあげてください。悔しい気持ちを吐き出してください。

　そして、明日。大事なのは明日です。明日から、絶対リベンジです。どんなヒーローも、1 回はやられます。1 回はこてんぱんに打ちのめされます。でも、そこからはい上がります。

　私が言っていたことの中で、英語を口に出していましたか？ 独り言はいっぱい言っていますか？ 推敲トレーニングはしていますか？ 普段から日本語の会話でも積極的に話していますか？

　今回はもしかしたら、それができていなかったかもしれません。

　明日からは、今までできていなかったことが完ぺきにできるようになるくらい、真剣に行なってみてください。今まで不得意だと思っていたことでも積極的に行なってみてください。徹底的に行なってみることで、絶対に世界は変わります。

　何かをする時に、それを「できない」「わからない」と言っていませんか？

　人生の中で「わからない」「できない」ことはたくさんあるけれど、「どうしたらわかるか？」「どうしたらできるか？」を考える人が、たくさんのものを発明して豊かにしているんです。

　車も飛行機も携帯電話も、身の周りにあるものすべて、「どうしたらできるか？」を考えた人が作ったのだと思います。

「わからない」「できない」と言うのをやめて「どうしたらわかるか？」「どうしたらできるか？」を口ぐせにしてみてください。

　不可能なことが可能になります。あなたの英語人生が変わると思います。奇跡が起こると思います。

　「英語は話せない」「自分の英語に自信が持てない」ではなく、「どうしたら英語はもっと話せるだろう？」「どうしたら自分の英語にもっと自信をつけられるだろう？」こう考えてみてください。

　きっと、あなたはもっと英語が話せるようになります。

　そして、それを続けるんです。1mmでも良いから前に進むんです。そして、自分の成長を認めるんです。他人ではなく、あなたが認めるんです。

　あなたが自分を応援しなかったら、きっと他の人が応援しても、心には響かない。

　あなたはきっとできる。そう私は信じています。あなたの英語力がこの本1冊で少しでも伸びてくれたら、私は本当に幸せです。最後まで読んでくださって本当に感謝しています。

　ありがとうございました。

著者紹介

宗形 諭史（むなかた さとし）

1981年生まれ。横浜国立大学卒業。大学入学後、帰国子女から英語を話す方法を教えてもらい、様々な体験を経て、英語が話せるようになる。英語が話せるようになった経験を通して、言葉を身につける最速の方法を研究し続けた結果、インドネシア語・フランス語など、単語・文法を知らない状態から2～3カ月で、現地のネイティブに通じるレベルになることに成功。TOEICスコアは945点。現在は横浜で英会話学校『えいごっこくらぶ』を経営し、英語を教えるかたわら、塾講師として小・中学生に5教科を教えている。

英語は早ければたった1日で話せるようになる

2015年 8月25日 初版発行

著者	宗形 諭史（むなかた さとし）
カバーデザイン	OAK 小野 光一
カバー写真	渡邊 春信
DTP	WAVE 清水 康広

©Satoshi Munakata 2015. Printed in Japan

発行者	内田 真介
発行・発売	ベレ出版
	〒162-0832　東京都新宿区岩戸町12 レベッカビル TEL.03-5225-4790　FAX.03-5225-4795 ホームページ　http://www.beret.co.jp/ 振替 00180-7-104058
印刷	モリモト印刷株式会社
製本	根本製本株式会社

落丁本・乱丁本は小社編集部あてにお送りください。送料小社負担にてお取り替えします。

ISBN 978-4-86064-445-1 C2082　　　　　　　　　編集担当　新谷友佳子